高校美育理论与课程体系构建研究

李胜男　何　岩　著

经济日报出版社

图书在版编目(CIP)数据

高校美育理论与课程体系构建研究/李胜男,何岩
著.--北京：经济日报出版社,2024.5
ISBN 978-7-5196-1443-0

Ⅰ.①高... Ⅱ.①李...②何... Ⅲ.①美育-课程建
设-高等学校 Ⅳ.①G40-014

中国国家版本馆 CIP 数据核字(2024)第 013395 号

高校美育理论与课程体系构建研究

GAOXIAO MEIYU LILUN YU KECHENG TIXI GOUJIAN YANJIU

李胜男　何　岩　著

出　　版：经济日报 出版社
地　　址：北京市西城区白纸坊东街 2 号院 6 号楼 710(邮编 100054)
经　　销：全国新华书店
印　　刷：北京建宏印刷有限公司
开　　本：710mm×1000mm　1/16
印　　张：10.75
字　　数：144 千字
版　　次：2025 年 1 月第 1 版
印　　次：2025 年 1 月第 1 次印刷
定　　价：58.00 元

本社网址:www.edpbook.com.cn,微信公众号:经济日报出版社
本社法律顾问:北京天驰君泰律师事务所,张杰律师　举报信箱:zhangjie@ tiantailaw.com
举报电话:010-63567684
本书如有印装质量问题,请与本社总编室联系,联系电话:010-63567684

前　言

美育作为素质教育的有机组成部分,对全面提高教育质量、塑造学生健全人格起到积极作用。伴随着党和政府对学校美育工作的高度关注和大力扶持,美育在我国教育中的育人功能得到了进一步的体现,在构建现代教学体系的过程中占有十分关键的位置,担负起了培养德智体美劳全面发展的社会主义建设者和接班人的重任。

高校开展美育工作是高校加强社会主义精神文明建设的一个重要方面,也是高校贯彻党的教育方针、培养高素质人才的一项重要内容。高校美育把在校大学生作为目标群体,在高等教育与美育的双重影响下,以提升大学生的审美素质、人文素质以及综合素质为目标。在素质教育背景下,高校要主动强化美育教学实践创新改革工作,最大限度地发挥出美育在培养高素质人才过程中的重要价值。高校教师要及时转变教学理念,始终从学生角度出发,开展美育实践教学活动,创新实践教学内容与方式,从而有效调动学生参与多元化美育学习活动的积极性,切实保障美育教学效果。

本书整体架构清晰,逻辑顺畅,条理分明,语言朴实而严谨,符合读者的阅读习惯。笔者在撰写本书的过程中,参考了很多专家与学者的研究成果,在此对他们表示衷心的感谢。在撰写的过程中,作者几易其稿,但随着现代教育技术的快速发展,新的教学方法与思想不断涌现,因此,书中难免会存在疏漏和不当之处,敬请读者提出宝贵意见。

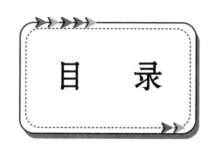

目 录

第一章　高校美育的基础理论

第一节　高校美育的性质和特征

美育,也叫审美教育、美感教育。美育是一种以"美"为手段教育人的特殊教育。美育有实践意义上的美育和理论意义上的美育两种概念,前者指以美育人的实施过程;后者是对前者的理论概括和阐述,可称美育学。

美育作为一种理论,既是美学的一部分,又是教育学的一部分,前者可谓"美学的教育学",后者可谓"教育学的美学"。

一、美育的性质

(一)美育是审美的人格教育

美育是一种审美的人格教育。也就是说,美育以"美"为手段,通过审美活动的方式,让美滋润人的心灵,培养人的美好情操和审美修养,塑造人的高尚品德。

(二)美育是情感教育和形式美感教育

1. 美育是一种情感教育

美育是一种审美的人格教育。那么,美育是通过什么来实现人格教育的呢? 美育是通过对人的情感熏陶而实现人格教育的。也就是说,美育本质上是一种情感教育。对此,可以从以下几个角度来理解。

第一,从"美学""美育"概念提出的特定内涵看,美育主要涉及人的情感领域。美学的对象是感性认识(情感)所理解的完善,而这种理解到的完善就是美；与此相反的就是感性认识（情感）的不完善，就是丑。可见，"美学"概念的提出及其作为独立学科的建立是与人的情感领域紧密相连的，美学实际上就是"情感学"。而美育概念的提出者席勒认为，美育的性质和任务就是要在感性和理性的领域之外开辟一个新的挣脱了感性和理性束缚的高尚的情感领域，使人获得精神上的解放，培养完美的人格。从"美学""美育"概念的提出及其作为两门独立学科最早建立时的定位，可以看出，它们都主要涉及人的情感领域，这就从一个方面印证了美育情感教育的性质。

第二，从审美的性质特点看，美育是在审美活动中展开的教育。美育本身就是一种审美活动，而审美活动的性质和美感的特点决定了美育是一种情感教育。审美活动实质上是一种情感体验活动，审美主体对美的把握，在心理上展开的主要是情感而不是理性认识或道德意志，审美对象引发的愉快主要是情感愉快。也就是说，审美对象对审美主体的作用是由悦目、悦耳到悦心、悦情，审美过程就是一种情感自我陶冶的活动，美育作为一种审美活动也是一种情感自我陶冶的活动；而从教育学的角度看，美育就是一种借助美对受众进行情感教育的教育方式。

第三，从教育价值观看，美育也不同于德、智、体、劳的教育。德育主要是对人们进行思想和伦理道德方面的教育，它体现着"善"的要求；智育主要是传授知识、技能，开发人们的智能，它体现着"真"的要求；体育主要通过运动和锻炼，提高人的健康水平，它体现着"健"的要求；劳育主要通过实际劳动，培养人的劳动意识和劳动能力，它体现着"做"的要求；而美育则主要是通过对人的情感美化作用培养人的美感情操，使人的审美心理结构完善、人格完美、个性和谐发展，它体现着"美"的要求。

可见，美育是通过情感教育实现人格完美化的教育。

2. 美育是一种形式美感教育

美育作为一种情感教育，又是通过形式美感的教育来实现的。也就是说，美育是一种形式美感的教育。对此，可以从以下两个方面来理解。

第一，美育是以"美"育人的教育。我们知道，美，无论是艺术美、自然美还是社会美,都表现为生动的形象。美只能在形象中表现。而审美活动——不论是美的欣赏还是美的创造,都是通过形象感知来实现的。换句话说,在审美活动中,审美对象都是以其鲜明生动的形象(由色彩、线条、形体、声音等形式因素构成)诉诸人的感官,影响人的思想感情的。美和审美活动的这一形象性特征决定了美育必然是一种"审美形式感"或称为"形式美感"的教育。

第二,在审美教育活动中,审美主体对美的欣赏,必须保持一种非功利的心态,即对对象无所求、无所为、无欲望的超然的、静观的心态,也就是不涉及对象的"实质性"内容。美感教育就是这样一种形式美感教育,是一种超越功利、超越实用、超越世俗的形式美感教育。

美育的独特性就在于通过各种美的形象来触发人的情感,以美感人,以情动人,从而起到潜移默化的感染和教育作用。美育主要是一种通过形式的感受达到情感熏陶的情感教育。

综上所述,美育是一种情感教育和形式美感教育有机统一的人格教育。

(三)美育与德育、智育、体育、劳育的关系

厘清美育与德育、智育、体育、劳育的关系,是深入理解美育的性质的一个重要方面。

教育的功能和价值主要体现在两个方面,一是促进人类社会的发展和完善,二是促进人类自身的发展和完善。这就是说,教育的根本任务是推动社会和人类自身的发展和完善。教育是一个系统工程,人的全面发展有赖于多方面的动力。我们知道,人的心理结构由智慧、意志、情感三种因素组成。这三个方面在实践中分别表现为认识关系、伦理关系和审美关系。认识关系解释了主观与客观、认识与实践、感性和理性的发展过程,它是运用概念的普遍形式去把握事物的本质,属于智育的范畴。伦理关系揭示了人与人之间、个人与社会之间的一般道德准则,它告诉人们什么样的行为是善的,什么样的行为是不善的或丑恶的,属于德育的范畴。审美关系表现为一种情感关系,它揭示了人怎样按美的规律与审美理想

来改造世界和塑造人自身,属于美育的范畴。这三个方面,对构成人的健全心理来说是不可或缺的,它们和侧重人的体质锻炼、使人获得健康体魄的体育一起,共同构成了促使人全面发展的教育体系。可见,整体动力观的教育观念决定了德、智、体、美、劳是相互联系、相互促进的统一整体。

美育不仅能陶冶情操、提高素养,而且有助于开发智力,对于促进学生全面发展具有不可替代的作用。高校要尽快改变美育工作薄弱的状况,将美育融入学校教育全过程。美育对于培养学生健康的审美观念和审美能力,陶冶高尚的道德情操,培养全面发展的人才,具有重要作用。没有美育就没有健全的素质教育。

美育作为实施素质教育的切入点,除了自身的重要性以外,还对其他教育起促进作用。以美辅德,以美益智,以美健体,以美促劳,促使学生全面和谐地发展。

1. 美育与德育的关系

美育与德育的关系问题,从理论上讲,就是美与善的问题。美与善的关系非常密切,善是美的基础,在道德领域甚至善即美。这就是说,美育与德育的关系是非常密切的,美育最终要达到健全人格、美化心灵的目标,与德育的最终目标具有一致性。

美育与德育虽然存在着密切的联系,但又各有特点。美育与德育的差别主要体现在以下几个方面。

第一,从性质上说,美育是通过美的事物、美的形象、美的理想陶冶人的情感,塑造美的心灵,促进人的全面发展。与德育偏重规范与约束的特点不同,美育具有自由和愉悦的特点,它注重培养学生的审美感受力、创造力,使其个性得到和谐而自然的发展;在最个性化的审美体验中,学生往往超越了现实生活的某些限制,自发地投入受教育过程中并乐此不疲。德育则偏重对善的行为的逻辑判断,注重发展学生的意志约束力,是一种规范性的教育;德育偏重培养个性对社会的服从,它努力使学生将社会公认的规范和法则作为自己的需要和准则,而这种由外向内的约束常常使学生个性的发展受到一定的限制。

第二，从方式上说，美育是一种感性的引导和诱发，它以美感染人，使人的个性情感得到自由表现和升华，因而具有明显的情感性、形象性、自由性。在这个过程中，一切都得靠学生自己去体验，这种体验是主动和富有创造性的，也是生动活泼的，学生可从趣味满足中获得认同。德育则主要是通过说理，言明大义，以理服人。它的重要特点是说服，尽管也可以采取一些生动活泼的形式，但它终究是理性化的，学生也基本上处于被动地认识与接受的位置。

第三，从功能意义上看，美育偏重培养个性人格，它通过培养敏锐的感受力，发展个性情感，养成人的自发性和创造性。德育偏重培养社会人格，通过磨炼意志力，养成人的自觉性和道德意识。因此，德育和美育在价值取向上有所不同：德育侧重社会尺度，它偏重现实的原则，从而帮助学生适应现实环境；美育则偏重个性的尺度，偏重超越的原则，它不能帮助学生从现实环境中获得实利，但学生能在个性发展需要的基础上产生变革现实、追求社会秩序的理想和动力。因此，美育包含着改造社会的超前的理想性。

美育和德育的关系是辩证的关系，其主要体现在如下几个方面。

第一，美以善为前提。善，体现着人类的普遍的利益要求。人的实践活动具有一定的目的性，而这种目的如果符合客观事物的发展规律，就是合理的，就会给人类带来益处，同时，也是善的行为。美则是人们对事物的一种情感体验。美之所以以善为前提，是因为美并不是什么超然的、抽象的东西，而是事物的客观性和社会性的统一。美归根到底离不开善，有善才有美。美以善为前提，这决定了一切审美教育从根本意义上讲，是为了培养和诱发人们善的情感，使个体形成一种完善的人格。当然，这种善是广义的，不可从狭隘的功利主义出发去理解，否则是难以实现的。

第二，道德状态是从审美状态发展而来的。道德状态从审美状态发展而来，是因为道德实践是建立在一定的情感基础之上的。要提高人们的道德水平，不能就道德说道德，更重要的是提高人们的审美情操。所以，德育教育人不要做违背道德的事无疑也是非常重要的，但如果能使人从小就热爱美,厌恶一切丑行,就具有更加直接和积极的意义。

第三,美最终是为了善。美最终是为了善,这是人类社会的本质所决定的。审美活动也是人类实践活动的一个方面,如果审美活动不能给人们带来益处,那它就难以存在和发展。美最终是为了善,表明美学和伦理学在根本目的上是一致的。把美学与伦理学用于社会实践的美育和德育,都是为了培养全面发展的人才,创造更加美好的世界。

2.美育与智育的关系

美育与智育的关系问题,从理论上讲,就是美与真的关系问题。美与真的关系非常密切,真、善都是美的基础,离开了真、善就没有美。所以,美育与智育也是不可分割的。

但是,美育与智育是有着很大差别的两种教育,主要体现在以下两个方面。

第一,教育的内容和目的不同。美育以感性的审美对象和审美形式为根据和手段,主要是一个培养学生的审美能力,使学生的情感得到表现和升华的过程。在这个过程中,学生接触的是以形式—情感为特征的审美对象,如自然景观、艺术作品等。当然,美育也包括知识的教育,但这不是最主要的,其主要目的是培养学生的审美能力、陶冶学生的情感。由于美育过程以学生的自发性为基础,因此它能直接满足个体生命的发展要求,使个性得到和谐而自然的发展。智育则是知识的教学过程,它以概念—逻辑作为特征的知识传授为依据,如公式、定理、概念、定义、法则以及判断和推理等过程和环节,其目的在于促进学生掌握科学文化知识与技能,发展学生的智力结构,与学生的生命要求、情感满足要求并无直接的关联。

第二,教育的功能意义不同。美育的功能旨在培养学生的审美能力、促进学生情感的表现和升华。审美能力的发展虽也需要知识的帮助,但它在本质上不是由具体表象向抽象逻辑的发展,而是越来越深入具体的感性形象中去。智育的任务是促进观察力、想象力和思维力等方面的发展,其中以促进逻辑思维能力的提高为核心。皮亚杰的认知发展理论研究表明,逻辑思维能力的发展从一定意义上讲是一种抽象力的进步,是智力从具体表象向抽象逻辑的发展。审美能力与逻辑思维能力的这种不同决定了美育与智育的重要差异。以发展逻辑思维能力为主要目的的智育注重培养学生的逻辑判断能力和推理能力,它要摆脱认识中的主观性以符合客观性,对情感和想象力的发展往往有一定的抑制作用。

美育与智育虽然有着重要的差别,但是由于个体任何一种能力都与他的其他能力联系在一起,某一能力的发展总离不开其他能力的发展,因此美育与智育又是相互促进的。

美育对智育的促进作用,首先在于它能够有效地促进人的认识能力的提高。我们知道,智育的过程是对规律的认识过程和对知识体系的构建过程,而在个体的成长过程中,审美能力的发展一方面包含着认识能力的发展,另一方面也为认识能力的发展提供必要的基础和条件。因为从某种意义上来说,审美能力本身也是一种认识能力,只是它不同于逻辑思维的认识,是一种特殊的感悟能力。任何审美形式都是个性情感的创造性表现,通过审美形式的体验,我们可以直接领悟到其中的情感生命,可以认识到主观世界的情感和情绪,成为对人生智慧的一种特殊领悟。这种领悟也意味着一种特殊的认识能力的发展,对人的智力的发展具有非常重要的意义。其次,美育所具有的培养创造性思维的功能,对智力的发展具有积极的作用。创造力是人类最宝贵的能力,大千世界的一切物质文明和精神文明,都是人类的创造性成果。创造性思维能力是智力的高级形式,是在既有知识和经验的基础上有所发现和创新的能力,是人类智慧的集中体现。而美育具有心理的综合体验和整体性的品质,是人的感知、想象、情感和理智等多种心理功能的统一,在感性直观的体验中,往往能激发学生的思维,使其深入发现事物内部的本质联系,体现出整体性创造能力。因此,在智育过程中引进美育的形象性和趣味性,引进体验、领悟机制,引进美育的诸多方法,可以促进学生的观察力、想象力、领悟力和创造性思维能力的发展。

同样,智育对美育也有重要的促进作用。首先,美育需要有一定的智力准备。一个人的知识储备越多,他对事物的认识能力(即智力)就越高,在审美活动中对对象的领悟就越深刻,审美情感反应就越强烈。智育主要培养的是人的智力,所以对美育必然具有促进作用。其次,美育离不开理性的指导作用,美育就是要把理性渗透感性的个体存在中。理性思维由于能够揭示事物的本质,从整体上把握事物,因而能更好地指导人的实践活动。美育作为一种教育实践同样离不开理性思维的指导。如此,为了深入把握美的本质,获得更深刻的美的感受,美育就不能停留在对美的感性认识上,必须上升到对美的理性认识层次。因此,美育和智育的结合是必不可少的。

3.美育与体育的关系

美育以提高人的精神素质为目标,体育则以提高人的身体素质为目标,二者紧密相连。良好的精神状态有利于促进身体的健康;健康有力的体魄是实现人的美好理想、充实人的精神生活的物质基础。所以,只有从人的全面发展的角度来认识美育和体育的关系,才能更好地把握美育与体育的关系。

现代体育的一个重要特点是注重身心协调发展,以人的全面发展为宗旨的现代教育决定了体育不应是单纯的身体教育,而应该是以身体教育为主要途径的人的教育。体育的一个重要目的是增进健康,而健康不仅是生理学的意义,它包含着身体健康和心理健康。美育通过美的熏陶和情感教育,恰恰可以提高个体的心理健康水平。因此,美育和体育在塑造人的内在美和外在美方面,起着互相协调、相互促进的作用。

从历史的发展来看,体育与美育往往是紧密联系在一起的。原始的体育活动经常与娱乐或艺术活动融为一体。比如,具有宗教礼仪性质的原始歌舞,既是情感的宣泄,又是身体的运动。在古希腊,体育的目的一是培养强壮的身体,作为军事的准备;二是对人体进行健美的训练;等等。这种健与美完全统一的文化传统一直是后来体育和美育健康发展的重要基础,也是如今将美育与体育相融合的一种文化资源。

从文化性质和功能上来说,美育与体育都以活动本身为目的,二者的教育过程本身就是一种生命活动。如果说道德活动和认识活动总以活动的结果为目的,那美育与体育的目的就在于活动过程本身。虽然美育与体育都包含知识、技能、技术及道德的学习,但这些因素只是手段,不是根本目的,它们都服从于身心协调发展的根本目的。此外,美育与体育都是人的身心全面投入的活动。美育通过美的熏陶和情感教育,促进个体身心协调发展;体育则通过身体的运动促进个体心理方面的发展和提高。身心全面协调发展的教育理想是美育和体育的基本前提和共同的基础,二者都直接体现了培养全面发展的人的现代教育宗旨。

体育对美育也具有促进作用,具体表现在以下两个方面。

第一,体育作为身体的教育,具有促进人体健美的功能。体育活动,可以使身体发展健全,骨骼匀称,骨肉丰满,皮肤光滑而有弹性,这本身就具备了美的意义,比如健美操就是人对自己的身体进行健美塑造的一种创造活动。

第二,体育作为身体协调自由的活动,使运动者和观赏者产生强烈的审美体验。体育活动中常常伴随着审美的情感体验。例如,在伴有音乐的艺术体操和花样滑冰项目中,人们可以获得视觉、听觉的审美愉快,就是运动者本身也会产生审美愉快。这种体验一方面来自运动中的自我实现感受;另一方面,运动的节奏感也蕴含着和谐自由的美感体验。

随着人类文明的发展,体育运动的观赏性越来越强。在这一点上,体育也包含着促进个体情感表现和升华的美育功能。

美育对体育也有着重要的促进作用,具体体现在以下几个方面。

第一,在体育中引进美育原则,发掘体育实践和教学过程中的美育因素,可以克服单纯身体锻炼的片面性,从而促进身心的协调发展。

第二,在体育过程中,培养必要的审美能力,是掌握某些运动技能与技术的重要前提。比如,音乐教育有利于培养人的节奏感,舞蹈教育有利于培养身体的协调能力等。因此,从美育的方式入手,发掘人的美感潜力,可为体育运动打下良好的基础。

第三,美育可促进生理和心理的和谐与平衡,而良好的心理素质和状态是体育运动的基础。具有较高审美素养的人,往往能比较自如地调节内心的平衡,也能够使自己迅速地兴奋起来,这种心理能力正是体育运动非常需要的。

4.美育与劳育

劳育是指培养学生的劳动意识和劳动技能,使其具备一定的劳动能力和职业素养。劳动是一种实践活动,通过劳动可以培养学生的实践能力和创新能力,同时也可以提高学生的自我管理和自我约束能力,这与德育的目标是相同的。

与一般美育中那种静止的、消极的、消费性的审美不同,劳动创造了美,也培养了学生的审美能力。劳动创造的美不仅指其物质成果具有审美价值,而且指在劳动过程中伴随着精神美——人们在创造中显示出自己的天赋和能力,在克服困难后产生自豪感和荣誉感,在集体成员相互协调工作中表现出秩序和和谐。

美育在劳育中扮演着重要的角色,它不仅能够丰富劳育的内容,还能够提升学生的审美素养和劳动技能,从而促进学生的全面发展。

美育对劳育的作用具体体现在以下几点。

第一,提升审美素养和劳动技能。将美育融入劳育,可以使学生在劳动过程中感受到劳动的意义和价值,培养对劳动的热爱,同时,也能提升他们的审美水平,使其在劳动中更加注重美的创造和体现。

第二,培养良好的道德情操。美育有助于培养学生的道德情操和人格特质,使他们在劳动中展现出积极向上的态度和精神。

第三,增强对劳动过程的理解和欣赏。美育能够使学生更加深刻地理解和欣赏劳动,从而培养良好的劳动品质和习惯。

第四,促进劳动教育的升华。在劳动教育中融入美育,可以激励学生更加热情地投身于劳动之中,并在创造美的过程中实现劳动教育的升华。

综上所述,美育与劳育相辅相成,共同培养学生的健康人格,促进其全面发展。

二、美育的特征

为了更好地开展和实施美育,必须深入研究和了解美育区别于其他教育的特征。美育的特征主要表现在以下几个方面。

(一)美育的形象感染性

美育具有形象感染性的特点。美育通过各种美的事物来育人,引起人情绪上的波动,以达到美的陶冶和教育。

美育的这个特点,是由作为教育手段的美本身的特点决定的,因为各种形态的美,无论是自然美、社会美还是艺术美,都是通过具体的、可感的形象表现出来的,离开了具体的形象,美也就不存在了。所以,形象在美的领域中占着统治地位。在审美教育活动中,正是那些多姿多彩的美的形象,唤起了人们的审美情感和审美欲望,使人们得到了美感享受和精神上的愉悦,从而达到"怡情养性"的目的。

在大自然中,那高耸的山峰、浩瀚的海洋、一望无际的草原、姹紫嫣红的鲜花等,无不令人心旷神怡、流连忘返。

自然美如此,社会美(包括精神美、人格美、生活美等)也如此,都是以具体形象来感染人、教育人的。

艺术美是社会生活和自然的审美反映,是美的高级状态,它的形象较之现实美更集中、更生动、更鲜明。艺术美正是通过生动的形象给人以审美享受和教育的。

在审美教育中,美的事物是教育的手段,因此,无论是从审美教育的内容来看,还是从它引起学生的审美感受来看,审美教育始终离不开感性形象,形象感染性是其独有的特征。

(二)美育的情感体验性

在美育过程中,学生对美的接受过程实际上是一种审美过程,而审美过程就是对对象的情感体验的过程,这就决定了美育具有情感体验性特征。

当然,审美的情感体验性又是由美的无概念性所决定的。德国哲学家康德曾指出,审美是一种趣味判断或鉴赏判断,它不同于单纯的快感,也与逻辑判断不同,逻辑判断涉及概念,而趣味判断不涉及概念,只涉及对象形式。所以趣味判断不是一种理智的判断,而是一种情感的判断;不是逻辑的判断,而是体验性的感悟。

美的形象之所以能引起人的审美情感,是因为它肯定了人的本质力量,凝结了人的创造智慧与理想,因而最容易与人的情感相沟通,给人带来欢乐和精神鼓舞。一个人的审美情感的产生,不会是无缘无故的,必然是情感体验的结果。体验,具有亲历性的特点,是人的一种基本生命活动,带有"以身体之,以心验之"的含义。在审美体验中,主体从对审美对象的形式、形象的感知进入其内在意蕴、意味的层次,进入意义的世界、情感的世界。

美育是一种情感体验性的教育,而情感的教育与开发,只能通过情感的作用。

(三)美育的审美自由性

英国哲学家席勒曾经指出,在审美的国度里,每一个人都是自由的公民。美育作为审美的一种方式,其整个过程是自由的,它使人的情感、个性得到了自由的发展。

美育的自由性从根本上说是由美的本质特征决定的。美是非功利的,因此美成为自由的象征。美是不涉及利害和概念的纯形式,即自由形式;审美不受利害和概念的纠缠,是自由的心灵活动。美是内容和形式的统一,是对象的形式特征表现人的自由创造活动内容的感性形象;美是人们在实践中自由创造的结果。总之,美、审美是自由的,因此美育也是自由的。

在处于自由状态的审美活动中,人只有成为真正的审美主体,其主体性才能得到充分的发挥。人的审美自由是与人类的整个社会实践和社会条件紧密相连的,并且体现为一个发展的过程。自由是对必然的认识与对客观世界的改造。但是,人类的审美活动不同于其他活动,既表现为一种主体性活动,同时又是一种对象性活动,这是人的生命活动的自由本质的反映。

审美的自由性特征决定了美育只能以自由而不是强迫的方式进行。一个人可以在强制状态下做某件事,却不可以在强制状态下去爱或恨某事、某人、某物。美育中学生对美的体验及由此产生的爱或恨,都是自由自觉的,不受任何限制,这是美育与其他教育的不同之处。智育与德育固然重要,也要调动学生的积极性与自觉性,但学科本身的严肃性与逻辑性决定了学生必须克制自己的情感,接受与适应理性思维的训练。德育的原则虽然是人为制定的,但也是对社会生活准则的反映,难免带有一定的强制性,否则无法维持人们正常的工作与生活秩序。而只有美育,由于它摆脱了狭隘的物质与精神的束缚,这使得它在方式上是轻松自如的,是能够满足个人的情感爱好与心理需要的,是能使审美主体总是处于一种精神自由的状态的。因此,美育的一个重要特点就是"通过自由去给予自由"。

审美的自由性特点,要求美育教育者必须遵循美自身的发展规律对人进行教育。美育,实际上就是把美的必然性转化为自由。这种转化,是一个不断丰富与深化的过程,所以,美育不是短期行为,不是一劳永逸的事情,而是伴随人的一生的。当然,对不同的人和在人的不同发展阶段,美育的方式和内容也应该是有所不同的。

(四)美育的同化与超越性

审美教育能使人自觉自愿、主动积极地接受教育,又能使人于不知不觉中受到美的感染,如"随风潜入夜,润物细无声",这就是美育对人的潜移默化的过程。在潜移默化中,学生不但被同化,同时还能使人超越个人的局限,挣脱现实功利的束缚,进入忘我的审美境界。

美育的潜移默化是自然而然发生的,是在审美主体主动、欣然接受美的过程中发生的。人们在对美的自由欣赏中,往往会情不自禁地沉醉于赏心悦目的美的形象和情境,如对美丽自然风景的流连忘返,对优美音乐的聆听,在意蕴深沉的绘画作品面前驻足凝视,因幽默诙谐的戏剧发出笑声。在这个过程中,审美主体不仅感受到美的无穷魅力,而且还领悟出许多深刻的人生哲理并被同化,从而使自己在现实生活中自然而然地去追求美的理想和美好的生活方式。

美育的这种潜移默化,不是一朝一夕就能完成的,而是日积月累、逐步加深的"同化"过程。在长期作用下,美育可使人形成稳固的心理结构和心理定向,从而对人的性格、气质、精神等产生长远而深刻的影响。

人类创造的美总是体现着人对生活、现实的超越性追求,体现着人对世俗欲望的超越,也体现着某种超越性的创造。这就决定了美育必然具有超越性特征。它使得人们能够在接受美的教育过程中,超越世俗功利,超越现实的局限性,在创造性的想象中,实现由现实世界向审美世界的转化,实现从物质世界向精神境界的升华。

美育的超越性充分体现了人要不断开创更广阔的生存空间,不断地更新自我、提升自我,争取更高自由度的独特本性。美育的积极意义在于,在超越现实世界的各种界限的同时,开创了一个使个体的情感生命得以伸展、丰富与升华的人生的新维度。

审美超越最终归结于个体生存的自我超越。在审美中,无论是对物质实在性的超越,还是对社会现实的超越,都根源于并体现了审美主体的自我超越,这种自我超越是对个体现实存在的否定,是向着更高自由的生存状态的飞跃。

第二节　高校美育的结构和功能

一、高校美育的内在结构

内在结构包括事物内部组成整体的各部分及其结合构造的状态。高校美育是通过各种美的事物培养大学生的审美欣赏能力、审美表现能力、审美创造能力,同时促进他们德、智、体、美、劳各方面素质全面和谐发展的教育。就高校美育结构而言,它是由美育的主体、客体、介体和环体四个要素组成的综合系统。我们将首先分析美育的四个组成要素,再探讨其相互关系。

(一)高校美育的要素分析

高校美育是一个由美育的实施者(主体)、美育的接受者(客体)、美育的内容和载体(介体)、美育的外在影响因素(环体)所构成的"四位一体"的综合结构,这四个组成要素相互影响,缺一不可。

1.高校美育的主体——高校美育的实施者

主体是相对于客体而言的,它是指主动对客体施以影响力的人。高校美育的主体(也就是高校美育的实施者)是由教师和大学生组成的,二者既共同作用于高校美育的客体,又相互作用、互相影响。

教师是高校美育的首要主体,主要包括美育类课程教师及非美育类教师。

美育类课程教师包括两类:一是"美学原理""西方美学史"等美学理论或通识课程的教师,主要传授大学生基础的美学理论,培养其美学理性思维和美学理论能力;二是"音乐鉴赏""美术鉴赏""书法鉴赏""影视鉴赏"等艺术教育类课程的教师,主要通过感性的、让人身心愉悦的艺术教育,让大学生在潜移默化中增强审美感知能力、审美鉴别和欣赏能力,以及创造美的能力。

非美育类教师包括三类:一是非美育类课程教师,无论是"大学语文"等人文类课程的教师,还是其他理、工、商、医科等各类课程的教师,都应当具备较高的人文素养,并进行一定的美育意识和技巧的培训,以便在各科教学中进行美育的渗透。二是学校邀请的专家、学者,他们不仅能使大学生在讲座交流中提高对知识和理论的审美情趣,也能以自身对人生、社会的独到见解提升大学生的审美能力。三是学校的行政管理教师。从班主任、辅导员、教务秘书等一线行政管理教师到教务处、学生工作处、后勤处等的教师,都可以言传身教,给大学生展示具有美感的人格魅力和管理风格,在潜移默化中对学生进行美育。

大学生不仅是美育的客体,也是进行自我美育的主体。大学生可以通过吸收校园内和社会中美的因素来进行自我美育。

高校美育的两大主体——教师和大学生,他们既相互区别,又相互联系、互相作用。教师是对大学生进行美育的主体,他们一方面受到部分大学生审美情趣的影响,接收新兴审美文化,达到教学相长;另一方面可引导大学生进行自我美育。大学生既受到教师的审美引导,也可通过自身创造美的能力影响教师。

2.高校美育的客体——大学生

客体是指主体在实践活动中所指向的对象。高校美育的接受者即大学生。

大学生正处于从青少年向成年人过渡的阶段,自我意识较强。大学阶段被称作"断乳期",是大学生开始脱离父母和家庭的保护与约束走向独立自主的阶段。这一时期的大学生独立自主的意识格外强烈,崇尚自由,对支配和束缚本能地排斥。他们既乐于参与集体活动,又渴望塑造、展现与众不同的自我形象,甚至将特立独行作为自我追求并引以为傲。表现在审美活动中,就是兴趣广泛,崇尚独特,强调个性,并努力表现其独特性。

大学生正处于心理上热爱创新、生理上大脑创造能力蓬勃发展的黄金时期。大学阶段是人处于初步成熟,而又较少受到成人社会条条框框束缚的阶段。这一阶段的学生的突出特点是富有想象力,敢于推陈出新。他们不愿循规蹈矩而乐于表现个性,有更多的憧憬、更多的幻想、更活跃的思维。因此,在审美活动方面,内容、形式新颖且富有挑战性的课程和活动是大学生乐于接受的。

3.高校美育的介体

介体是居于主体与客体之间负载、传递特定信息的实体。高校美育的介体是指主体向客体施加影响力所凭借的负载着美育资源的载体,它主要包括高校美育的内容和载体两个方面。

(1)高校美育的内容

高校美育的内容主要包括艺术美育、自然美育和社会美育三个方面。

第一,艺术美育。孔子提出"乐教",中国古代知识分子通过学习琴、棋、书、画修身养性,西方自古希腊时期就开始用音乐、美术等艺术形式教化人,这些表明艺术美育自古以来就是美育的主要内容。艺术是人类审美实践的集中表现。根据历史经验,实施美育主要是通过艺术,即通过各种各样艺术品的创作实践和欣赏实践来培养人们的审美兴趣,提高人们的审美能力和审美素养,端正人们的审美思想。高校美育的首要内容即艺术美育,通过让大学生感受、鉴赏、评价艺术之美,使其获得审美愉悦,激发他们的审美情感,提升他们的审美能力,启迪他们的智慧,最终达到真、善、美的统一。

第二,自然美育。自然美是给人带去愉悦的自然事物或现象的美,其千变万化令同样属于大自然的人自然地想要亲近、融入。自然之美能愉悦人的身心,陶冶人的情操,开拓人的眼界,激发人的潜能,提升人的精神境界。对大学生进行自然美育,一是培养大学生体验和鉴别自然美的不同形态的能力;二是帮助大学生掌握欣赏自然美的方法。

第三,社会美育。所谓社会美,是指体现社会发展规律和倾向,体现人们的理想、愿望,能够使人感觉到自由的创造力量,并能给人以精神愉悦的社会事物或生活现象。[①] 它广泛存在于社会生活的方方面面,是直接表现人的本质力量的美学形态。

此外,高校美育的内容还有科学美育和工艺美育等。高校美育是一个集各个领域审美教育于一体的多层次、综合性教育体系。

(2)高校美育的载体

高校美育的载体即承载高校美育的空间、方式等连接主体与客体的中介,主要包括课堂、校内外美育活动、大众传媒及品学兼优的大学生模范。

课堂是高校美育的主要载体。正是在课堂中,通过音乐、美术、舞蹈、书法、影视等艺术教育和美学理论方面的课程,大学生得以将原本粗糙的感性审美趣味升华为同时具备理性审美思维的审美品位和能力;也正是

---

①　孙荣春.大学美育[M].苏州:苏州大学出版社,2017.

在课堂中,通过一系列基础课程和专业课程所渗透的美育,大学生得以拓展审美视野,养成审美时时有、处处在的习惯。课堂是大学生接受美育最集中,也是最接近理想化审美的空间与方式。

校内外美育活动是高校美育的重要载体。审美实践是检验审美意识、品位和能力的最好方式。通过一系列校内的才艺展示大赛、大学生风采赛等校园美育活动,以及音乐社、舞蹈社、绘画社等社团的活动,大学生得以展现自己的审美品位,锻炼自己的创美能力,并能在一系列活动中与其他同学交流,得到教师的指导,最终提升自身的审美品位。在参观博物馆、美术馆、艺术展,以及参与美学研究、社会实践等校外活动时,大学生能更好地开阔视野,汲取社会大众审美文化的养分,丰富自身审美涵养。

大众传媒是高校美育的又一重要载体,是指传递新闻信息的载体,主要包括报纸、广播、电视、电影、图书、杂志等。作为集传递信息、传承文化、监督舆论、娱乐休闲等众多功能于一体的综合体,大众传媒正随着信息社会的飞速发展而日益成为高校美育的重要载体之一。

大众传媒对高校美育的影响具有两面性。从积极方面来看,电视、报纸、广播、杂志等多样化的大众传媒超越了大学校园的范围,增加了大学生接受美育的渠道,丰富了大学生的信息量,也为其提供了在大量传媒信息中进行自我美育锻炼的机会。大学生可以在《探索·发现》这样的电视节目中感知自然、历史之美;也可以在杂志、报纸上阅读带有审美情趣的文字,浏览震撼人心的摄影、绘画、雕塑作品资料及富有创造力的广告文案等;他们甚至能通过网络“走进”故宫博物院、卢浮宫博物馆等,欣赏各种艺术作品;还可以通过网络下载世界名校的公开课,感受大师级的学术之美、人文之美和人格之美;等等。大众传媒很大程度上扩展了高校美育的视角,其丰富内容与大学校园内的美育相映成趣。从消极方面来看,商业化背景下的大众传媒在利益的驱动下越来越趋于商业化、娱乐化、消费化,众多媒体大肆传播物质主义、自我享乐主义等价值观,迎合部分人低俗趣味的小说、视频等不断出现,等等。这些不仅有碍尚未完全成熟的大学生形成正确的世界观、人生观、价值观,为高校的学术氛围注入了不和谐因素,也在潜移默化中降低大学生的审美品位。这些与经典、优雅、庄严、高尚相去甚远的大众传媒内容容易使大学生的审美趣味变得庸俗、浅薄,从而失去理性批判能力和创新能力。所以,我们更应该引导大学生了解大众传媒的运作机制,批判看待其传播的信息,做传播甚至创造审美情趣的精英,而不仅仅是大众传媒的消费者与受众。

品学兼优的大学生模范是高校美育具有独特典范性的补充载体。每一所大学里都有部分大学生品学兼优,谈吐不凡,审美眼光独到,才艺出众,创美能力卓著。无论学校是否特意将他们塑造为美育典范,事实上他们都在以自身的审美品位和创美能力近距离、潜移默化地激发其他大学生的审美兴趣,促使其他大学生更积极地学习美学知识,感受艺术美,参与美育活动。

4.高校美育的环体

环体是指围绕着某项(些)中心事物并对其产生一定影响的周围事物。高校美育的环体即围绕着主体、客体、介体并综合贯穿这三大要素的环境因素,主要包括校园审美文化和大众审美文化。

(1)校园审美文化

校园审美文化是高校通过长期的审美建设、教学、科研、活动等形成的审美情趣、审美活动和审美文化环境的集合。它具有明显的区域性,即高校的地理区域和本校学生主要来源区域。高校应该努力塑造一种校园环境清新雅致、教学风格求真务实又充满创意、科学研究硕果累累、课外活动丰富多彩又格调高雅的审美文化。这样才能丰富大学生的审美体验,缓解大学生的学习、生活压力,净化大学生的心灵,提升他们的审美精神境界。

(2)大众审美文化

大众审美文化是以社会大众为主体,体现在社会的传统文化、通俗文化、媒介文化和消费文化中的审美取向和氛围。社会中的所有个体从审美趣味到审美思维模式都受到大众审美文化的影响,大学生也不例外。需要注意的是,大众审美文化中存在的庸俗的消费主义、娱乐至上主义等审美倾向正影响着大学生,使部分接受美育不足的大学生的审美情趣逐渐庸俗。当代大众审美文化作为高校美育环体之一,需要高校对其进行综合引导,以趋利避害。

(二)高校美育各要素关系的探讨

高校美育的四大要素——主体(美育的实施者)、客体(美育的接受者)、介体(美育的内容和载体)、环体(美育的外在影响因素)在美育的实践中相互联系、相互作用,构成了完整意义上的高校美育。各要素之间的关系包括美育主体与客体的辩证关系,主体、客体与介体的相互关系,以及主体、客体与环体的相互关系。

1.高校美育主体与客体的辩证关系

高校美育的主体与客体是既相互对立又相互统一的,二者的辩证关系构成了高校美育的基础。

(1)高校美育的主体与客体之间相互对立

首先,二者在角色和作用上有区别。作为实施美育的主体,教师是美育的施加者,在美育过程中起主导和指引作用,而大学生是被教育、被影响的受动者,主要在美育过程中起配合互动的作用。即使是大学生在进行自我美育时具备了主体地位,但此时的主体同样是在以"应该具备的审美知识和品位"这样的外在审美标准影响着"尚不具备相应审美知识和品位的现实自我"。

其次,二者在审美素养上有区别。作为主体的教师具备丰富的审美知识、理论和实践经验,以及较高的审美情趣和品位,而大学生则相对欠缺。作为自育主体的大学生也总是以外在的审美知识、方式和实践来锻炼自己,不断提高自身审美能力。

(2)高校美育的主体与客体之间相互依存,在一定条件下相互转化

首先,高校美育的主体与客体相互依存,互为对方存在的条件。没有教师,大学生就无从接受系统的美育,无法获得丰富的审美知识与实践;如果大学生不具备超越原本审美情趣和能力的渴望,就无法实现在自我美育过程中的主客体一体化。同样,没有大学生,也就不存在专业美育教

师和其他教师的渗透性美育。

其次,高校美育的主体与客体在一定条件下可以相互转化。当大学生具备了较高的审美素养和创造美的能力时,就可以以自身的艺术修养、美学见解和新颖的审美创造力影响教师,在进行自我美育时也可实现主客体一体化。

2. 高校美育主体、客体与介体的相互关系

高校美育的主体与客体是介体存在的基本条件,而介体是高校美育得以开展的媒介和载体,二者相互作用、相互影响。

(1)高校美育的主体与客体是介体存在的基本条件

首先,高校美育的主体与客体为介体提供了存在的前提条件。没有教师和学生,就没有美育内容的设计者、相关课程内容的编撰者、美育的实施者和接受者,自然就没有传授艺术美、自然美、社会美的美育课程,也没有美育课堂、美育活动等美育的载体。大众传媒也将失去一大批高层次的拥趸,这在很大程度上会削弱大众传媒的影响力。只有在美育主体与客体兼具的情况下,介体才有存在的必要和物质条件。

其次,高校美育主体与客体的矛盾推动着介体不断发展。高校美育的主体与客体的矛盾是时代与社会所呼唤的大学生的审美素养与大学生现实审美素养之间的矛盾。在此矛盾推动下,高校教师、大众传媒等对大学生审美价值的引导会影响美育传授内容、美育课堂软件与硬件、校内外美育活动方式的更新与发展,也会引导小部分作为美育介体的优秀大学生的审美走向。

(2)高校美育的介体为主体与客体联通提供了理论基础和物质基础

首先,艺术美、自然美、社会美等美育内容是连接主体与客体之间的桥梁,为高校美育提供了丰富的内容和理论基础。离开了具体内容,高校教师、大众传媒无法通过切实有效的方式对大学生进行美育以及施加审美影响,大学生也无法进行自我美育。

其次,课堂、校内外美育活动、大众传媒、大学生审美典范为主体与客体发生关系提供了方式和物质基础。课堂为教师传授美学知识和理论提

供了物质条件,校内外美育活动是丰富大学生课外美育实践的方式,大众传媒和大学生审美典范为教师及大学生提供了更为新颖多彩的审美载体。

3.高校美育主体、客体与环体的相互关系

高校美育的环体是贯穿美育全过程的重要环境因素,它与高校美育的主体与客体相互影响、互相作用、互相促进。

(1)高校美育主体与客体对环体有深刻的影响

首先,高校美育的主体与客体对校园审美文化有深刻的影响。高校教师群体的审美品位直接影响高校的教学风格和学术氛围,大致定位了一所高校的校园审美文化;而大学生则通过创造校园流行趋势、开展校园活动等方式展现群体审美情趣,逐步改变大学的校园审美文化。

其次,高校美育的主体与客体对大众审美文化有深刻的影响。高校教师可以以自身的学术研究、社会活动等方式影响大众审美文化;大学生可通过群体审美趣味影响大众审美文化的流行趋势。

(2)高校美育的环体对主体与客体有深刻的影响

高校美育是主体与客体发生作用的环境因素。校园审美文化深刻影响着教师和大学生的审美取向和发展趋势,校园审美文化一旦产生就具有"惯性",会以校园环境、教学风格、管理风格、学术氛围、校园活动等各种方式影响大学生的审美品位,并对教师的审美品位产生影响。大众审美文化也对教师和大学生的审美品位等产生影响。

高校美育的四大要素相互作用、相互影响,在高校美育的实践过程中构成了完整的结构,共同促成高校美育的发展。

二、高校美育的主要功能

功能是事物或方法所发挥的有利作用。美育的功能可以概括为三类:一是直接性功能,指美育对人的正确审美观念及审美能力、创美能力的培养功能;二是辅助性功能,指美育为教育领域内比邻的德育、智育、体育、劳育等教育功能的充分发挥提供的辅助性功能;三是辐射性功能,是美育具有的超越前两者之外的,在更广阔的领域、更深入的层次的各种助益性功能。在此理论基础上,本书从美育所影响的范围出发,将美育的主要功能划分为三类。

(一)促进人的全面和谐发展

美育的功能最直接地体现在大学生身上。对于大学生本人,美育可以提升其综合素养,陶冶其品德,激发其创新潜能,从而实现大学生的全面和谐发展。美育从根本上讲是一种对人的全面教育,是为实现崇高的理想,充分发挥人的潜能,实现人的全面发展的教育方式。具体地说,它通过文学艺术和其他审美方式来激发人的感情,使人受到感染和感化,从而使人的感情得以升华,情操得到陶冶,审美能力得以提高,身心更趋和谐,德、智、体、美、劳全面发展。美育对大学生全面和谐发展的促进功能主要体现在以下几个方面。

1. 提高大学生的审美能力,完善其知识体系,提升其综合素养

(1)美育可提高大学生审美能力,提升其综合能力。感知能力、观察能力、分析能力、创作能力、情感能力是大学生综合能力的重要内容。大学生在聆听一曲美妙的音乐、阅读一部经典文学作品、欣赏一张摄影作品等审美过程中,不仅审美观念得到强化、审美情趣升华,而且他们感知美的触动、观察美的敏锐、分析美的逻辑、体会美的情感等能力在潜移默化中也逐渐增强,从而提高大学生的综合能力。

(2)美育可完善大学生知识体系,提升其综合素养。"一专多博"是对大学生知识体系的基本要求。在对大学生进行美育的过程中,美育理论的传授可以丰富大学生的美学理论知识;音乐、绘画、舞蹈、书法、戏剧等艺术教育的开展可以丰富大学生的艺术知识;自然美育可以丰富大学生的地理知识,开阔其眼界;而社会美育更是能帮助大学生构建心理学、公共关系学、历史学的知识结构,加深其对社会现象学的了解等。通过美育,大学生在无形中完善了自身知识体系,提升了综合素养。

2. 培养大学生良好的个性品质,提高其品德修养,帮助其形成自律人格

(1)美育可促进大学生身心健康,培养其良好的个性品性。在沉醉于

诗词歌赋、山川河流的美时,大学生作为活动主体,其感觉、知觉、情感、理解等在无形中得以提升,从而实现了身心的和谐。在此过程中,他们还会以开阔的胸怀审视自身、世界与美,在体会富含美学色彩的情感中沉淀,塑造豁达自信的个性。

(2)美育可提高大学生品德修养,帮助大学生形成自律人格。高校美育的一个必然结果就是形成高尚的审美品位。人一旦形成高尚的审美品位,以审美态度来对待人际关系,就会塑造一个符合美的标准的"私德"。以审美态度看待社会秩序,就会自觉营造井然有序的社会秩序,自觉养成文明礼貌、助人为乐、爱护公物、保护环境、遵纪守法的"公德",继而形成具有高尚品德的自律人格。

3. 促进大学生感性与理性协调发展,从而激发其潜能,培养其创新能力

(1)美育可激发大学生潜能。形象生动的美育是增长大学生智慧、开拓其视野、培养其品格的过程,这些都会在无形中激发他们丰富的想象力、敏锐的感受力与深刻的思维能力。正如贝多芬《命运交响曲》的美绝不仅仅是乐曲的旋律之美,更有对人生价值的深刻思索。感受这些美可激发大学生的潜能,为其长远发展提供不竭动力。

(2)美育可培养大学生的创新能力。创新能力即在知识和经验的基础上经由直觉、灵感、想象所触发而产生的跳跃式思维能力。生动直观的美感能培养大学生更灵敏的直觉,审美修养的提升能触发大学生创造的灵感,而审美能力与审美人格则能催生超越一般逻辑思维方式的跳跃式思维,最终使大学生的创新能力得到培养。

(二)提升学校的文化环境

高校美育不仅可以促进学校德育、智育、体育、劳育的全面发展,还能加强校园文化建设。校园文化是一种特定的区域文化,是整个社会文明的亚文化体系,是学校长期形成的具有校园特色的校园精神、文化活动和文化环境的总和。高校美育可以通过培养校园精神、提升校园文化活动品位、创造校园文化环境三个方面推进学校的校园文化建设。

1.高校美育有助于培养求真、务实、自由、博爱、和谐的校园精神

作为校园文化的深层结构和核心内容,校园精神引导着大学校园的存在与发展,它主要体现在校风、教风、学风、人际关系等方面。推进高校美育,将丰富多彩的艺术教育和美学教育注入大学生学习内容,有助于构建师生互动式教风、学生自我激发式学风、学生主动求知式校风,进而推进求真、务实、自由等校园精神的发展;以千变万化、充满自然情趣的山川河流的自然美对大学生进行自然美育,有助于他们开阔胸襟,进而培养其博爱精神,体会人与自然的和谐统一;以锻炼言谈举止和社交能力、鉴赏并创造社会现象美为内容的社会美育,则有助于大学生完善自我形象、气质与心灵,提升人际交往能力,鉴赏并创造美的社会物质、制度与精神,进而推进校园和谐、博爱氛围的发展。

2.高校美育有助于提升校园文化活动品位

校园文化活动是推动校园文化形成自身特色的重要实践方式,而美育的开展则可提升校园文化活动的品位。首先,音乐、舞蹈、绘画、雕塑、建筑等艺术教育的开展可以培养大学生艺术鉴赏能力与表达能力,直接提升校园艺术大赛、歌手大赛等才艺类文化活动的水准,使其取向高雅,富有创造力。其次,开展美学讲座、艺术讲座、摄影作品展等高雅文化活动,有助于培养大学生对美的鉴赏力与品味。最后,美育所促成的审美情趣与创美能力的提升,有助于大学生以审美的感官与思维去参与一系列文化活动(尤其是学生自发组织的、种类繁多的社团活动),形成校园整体文化活动的高雅品位。

3.高校美育有助于营造优美的校园文化环境

作为高校美育的重要内容,环境美育对营造优美校园文化环境的影响毋庸置疑。高校美育可从三个方面推进优美校园文化环境的营造。首先,高校美育可推进校园生态环境的建设。对大学生进行环境美育,必然涉及以美的标准规划校园总体布局、设计建筑结构与装修风格、丰富园林构造与景观等,由此可推进干净整洁、生动形象、赏心悦目的校园生态环境的建设。其次,高校美育可推进校园制度环境的建设。对大学生进行

环境美育,也包含了以美的标准制定民主、高效、有序、和谐的教学、行政、学生工作、后勤等方面的规章制度,从而推进高效制度环境的建设。最后,高校美育可推进校园人际环境的建设。和谐的人际环境是优美的校园文化环境不可缺少的组成部分,而高校美育通过对大学生进行社会美育,不仅能引导大学生追求自我身心美,还能培养其健康和谐的人际交往态度和能力,这都对营造和谐的师生关系、学生与学生之间的关系等有直接推动作用。

(三)推动社会和谐发展

对于社会而言,高校美育可通过培养审美精英群体,营造符合美学原则的社会文化氛围。在良好审美情趣与品位的指引下,人们会以审美的眼光看待传统文化,这有利于人们批判地继承传统文化中的精华,构建新的文化体系。在审美精英群体与新文化体系的双重作用下,美育可提高全民素质,重塑民族精神,最终促进社会主义和谐社会的构建。

1.高校美育可为社会提供引领先进文化的审美精英群体,提升社会文化品位

(1)高校美育可为社会提供审美精英群体,为先进文化的发展提供主体。社会文化的发展离不开审美精英的引导,对于现代社会,审美精英的主体即受过高等教育的高校毕业生。大学生在接受全方位美育后,可形成高雅的审美情趣、高尚的道德品格等,鉴赏、创造美的能力逐步提升,无论在校园学习、生活中还是在社会工作中,都能以审美精英群体存在的方式引领符合美的先进文化的发展。

(2)高校美育所培养的审美精英群体能更好地营造社会审美文化氛围,提升社会文化品位。首先,高校美育所培养的审美精英群体能引领社会抵制低俗娱乐活动,追求高雅艺术。其次,高校美育所培养的审美精英群体能引领社会抵制粗放消耗、强调征服的自然观,寻求人与自然关系的平衡。这将有利于经济的可持续发展与尊重自然、崇尚自然文化的发展。最后,高校美育所培养的审美精英群体能引领社会朝着制度人性化、人际关系宽容化的方向发展。审美精英群体的综合作用将促使社会文化朝着审美化的方向发展,塑造高品质的文化氛围,最终促进整个社会文化品位

的提升。

2.高校美育有利于优秀传统文化的传承和新文化体系的创建

(1)高校美育有利于优秀传统文化的传承。在美育过程中,大学生通过欣赏中国古曲、戏剧、绘画、书法、舞蹈、建筑等方面的作品,加深对传统艺术的认识与理解,通过诵读与研究诗词歌赋等,加深对古典文学的热爱与对人文精神的理解,这无形中提升了传统文化的吸引力,为传统文化的传承提供了一条捷径。

(2)高校美育有利于新文化体系的创建。新文化体系的构建除了传承优秀传统文化之外,还应积极吸取外来先进文化,并在新形势下创造新文化因子。具有审美品位的大学生正是吸取先进文化、创造新文化的主流。只有在较高的审美品位和情趣基础上,大学生才能有选择地吸纳外来文化中符合美学原则的先进文化,与我国优秀的传统文化相融合,并创造出更加富有活力、引领时代发展的新文化,从而推动我国新文化体系的构建。

3.高校美育可提高国民素质,重塑民族精神,促进社会主义和谐社会的构建

(1)高校美育可提高国民素质。大学生作为承担社会发展主要责任的群体,其综合素质的高低将决定我国国民素质的发展情况。而高校美育正可以培养具备良好审美品位、情趣、能力的精英群体,带动整体国民素质的提升。

(2)高校美育可培养大学生爱国主义情怀,弘扬中华民族精神,提升民族凝聚力。在美育过程中,无论是对传统艺术的鉴赏、对祖国大好河山的饱览,还是对优秀传统文化价值观的推崇,都将培养大学生的爱国主义情怀,重塑奋发向上、生生不息、敢于创新的民族精神,提升民族凝聚力。这对于我国国家和社会的发展都起着不可估量的精神激励作用。

(3)高校美育可促进国家与社会的自由、协调发展,有利于社会主义和谐社会的构建。现代社会是商业文明为主流的社会,对物质利益的过度追逐、快餐式的消费文化使人与自身心理、人与自然、人与社会的矛盾愈加突出。而高校美育能逐步解决这些矛盾,促进社会主义和谐社会的构建。美育可从根本上协调人在现实中的情感心理,化解物质化的生活所积聚的焦躁、抑郁,实现生命与社会的和谐。

高校美育可从以下三个方面促进和谐社会的构建。

第一,高校美育可促进人与自身心理的和谐。快节奏、竞争激烈、过度追逐物质利益的商业社会易导致个体在紧绷的神经与工作、生活压力下精神荒芜、孤独压抑。没有任何功利与私利目的的审美活动能消解人在现实世界生存中的消积状态,使人成为自由、完整的生命存在。经过美育的大学生养成以持续的审美活动充实生活的习惯,自然能以稳定健全的人格缓解压力,以感性生动的审美活动洗涤心灵,促进自我身心的和谐。

第二,高校美育可促进人与自然的和谐共处。高校美育可促使大学生引导社会通过符合自然美准则的低碳生活方式,尊重大自然,促进人与自然和谐共处。

第三,高校美育可促进个人与社会的和谐共处。经过系统美育的大学生必将努力构建一个人际上宽容互利、政治上民主公正、经济上协调持续、文化上创新发展的社会,这将促进个人与社会的和谐共处。

第三节　高校美育的具体规律

长期以来,关于高校美育的研究已经取得不少成果,为切实加强和改进高校美育工作提供了一定的基础和条件。但就整体而言,人们把更多的注意力放在了高校美育具体实施层面的探讨,忽略了美育实施过程中最本质的东西,即对美育规律的探索。不了解或不遵循规律,必然导致美育实效性低下。所以,为了提高高校美育工作的自觉性和实效性,必须搞清楚高校美育的规律。

规律就是事物之间的内在的本质联系和事物的发展趋势。所谓美育规律,就是指美育的各构成要素在其矛盾运动中的本质联系及其呈现出的发展趋势。美育规律可以分为基本规律(即贯穿美育全过程的规律)和具体规律(即在美育不同环节起作用的规律),本节主要探讨高校美育的具体规律。

一、高校美育目标确定的规律

一般来说,目标是指个人、部门或组织所期望达到的结果和成果,或对某个过程的预期。高校美育目标是美育的起点和归宿,直接决定着美育的内容、形式和手段,同时对美育工作者和美育对象起着导向、评价和调节的作用。因此,高校美育目标确定得科学与否是能否有效实施美育的前提。在美育实践向更加宽广的范围和更高的层面发展的时候,我们应该更加重视研究高校美育目标问题。

高校美育的目标是培养大学生高雅的审美情趣,使大学生形成正确的审美观念,以促进其成为人格完善、全面发展的人才。高校美育目标确定的规律是功利性与非功利性的统一。

(1)高校美育目标具有功利性。鲁迅曾指出,一切人类所以为美的东西,就是于他们有用。审美在根源上具有功利性。美育的目标首先是培养大学生良好的审美素质,并促进其思想道德素质、科学文化素质及身心素质等综合素质的提升,使之成为社会需要的合格人才。

高校美育目标的功利性具体表现在以下几个方面。

第一,培养大学生良好的审美素养是现代社会对应用型人才必备素质的要求。随着社会生活水平的逐步提高,人们的精神文化需求也在不断增长。新的时代也在呼唤着新的人才。美国趋势专家丹尼尔·平克认为,在当代社会,谁拥有良好的审美能力、创新能力和感性思维能力,谁就可能占得先机。国内外不少学者认为,21世纪最有发展前途的产业有两个:一个是信息产业,另一个是文化产业。两大产业对人才的审美素质都有较高的要求,特别是在文化产业中,可以说卓越的审美能力就是"生产力"。

第二,美育是德育、智育、体育、劳育的有效辅助手段。现代社会不仅对人才的审美素质提出了较高的要求,而且提出了培养具有良好综合素质的复合型人才的要求。美育对于提高大学生的思维能力,使大学生身心得到全面、健康的发展具有有效的辅助作用,是塑造具有良好综合素质的复合型人才不可缺少的手段。

第三,高校美育的重要内容之一——社会生活美育的各个组成部分都有着现实的功利性目标。如其核心——人的美的审美教育,具体内容是塑造大学生的内在心灵美、才智美和外在仪表美,根本宗旨在于使大学生认识到内在美是人的美的本质和内容,外在美是人的美的现象与形式,从而引导大学生加强自身的品德修养和学识修养。劳动美育则旨在引导大学生深入认识"劳动创造美"这一马克思主义美育观的基本理论,培养其热爱劳动、热爱劳动成果、热爱劳动人民的思想感情,使其在未来的工作岗位上更好地发挥聪明才智,以促进社会发展。社会关系美育旨在促进大学生在社会生活中自觉遵守社会行为规范,学会更好地与人相处,营造和谐融洽的人际关系氛围等。

(2)高校美育的目标又具有非功利性。非功利性是指人们用理想化标准而非出于实用性目的来看待和要求客观事物的一种态度或行为方式。美育目标的非功利性是指其具有超出个人狭隘的功利打算和利害感,没有实际的物质利益和功利性的特征。康德认为,鉴赏是通过不带任何利害的愉悦或不悦而对一个对象或一个表象方式进行评判的能力。一个这样的愉悦的对象就叫作美。也就是说,审美活动以具有愉悦性的审美体验本身为目的,它不附加任何的功利性目的。

高校美育目标所具有的非功利性体现为超越现实生活,追求审美愉悦、理想境界与完整人格,实现大学生的全面发展,其具体体现在以下三个方面。

第一,追求身心解放、精神自由、情感愉悦是高校美育的目标之一。高校美育在根本上追求的不是以"真"去改造世界,以"善"去协调社会,而是追求个体的精神自由和健全的人格,是抛弃了利益和得失约束之后的一种情感愉悦和精神解放,即"破人我,超功利,人平静"。大学生在审美活动中摆脱实用功利的目的,在身心解放、精神自由的状态中,在感知审美对象的基础上,充分调动自身的情感、想象、理解等心理因素,就能够获得一种审美的愉悦感,并由此获得心灵的慰藉,达到感性与理性的统一,从而促进人格的自由与完善,实现人的全面发展。

第二,培养大学生高尚的审美情趣是高校美育的目标之一。高校美育追求的愉悦和自由绝不是感官的刺激和行为的放纵,而是要让大学生在现实社会中分辨是非、美丑,接受高雅的促人上进的美好事物,自觉抵制消极、庸俗和低级趣味的东西,以培养自身高尚的审美情趣。

第三,高校美育的重要内容之一——自然美育的目标具有突出的非功利性。自然美本身是千姿万态、生机勃勃的,彰显自由精神。自然美育所追求的目标和境界是天人合一、物我两忘。置身于自然美,大学生往往会有身心舒展之感。人在直观自然世界的感性面貌时,不带有任何功利性目的,产生的感性愉悦具有鲜明的非功利性。

(3)高校美育目标的功利性和非功利性不是相互对立的,而是有机统一的,其由以下两个方面所决定。

第一,由美本身具有的目的性和手段性统一的特性所决定。高校美育是按着美的规律来实施的教育,美的本质特性决定着高校美育目标确定的规律。席勒指出,美可以成为一种手段,使人由素材达到形式,由感觉达到规律,由有限存在达到绝对存在,从而成为一个完整的社会的个人。他还提出,只有在审美的国度才能使社会成为现实,因为它通过个体的本性去实现整体的意志。席勒的上述论述说明,一方面,美或审美是道德人或理性人实现目标的工具;另一方面,审美自由作为人的精神解放和力量和谐的最高状态,又是道德人或理性人所追求的目标。因而,美既有作为手段的功利性的一面,又有作为追求的非功利性的一面。美是目的性与手段性、功利性与非功利性的有机统一。美的这种特性从根源上决定了大学生的美育目标必然是功利性与非功利性的有机统一。

第二,由审美活动本身具有功利性与非功利性统一的特点所决定。审美活动一方面能够培养大学生的审美情感,使人追求精神上的满足与愉悦;另一方面,审美活动又立足于现实生活,旨在提高大学生审美素养,促进其综合素质的提高。审美活动的功利性与非功利性是统一的。其功利性是借助非功利性的情感功能来实现的,其非功利性又体现了人最大、最远的功利追求。因为审美活动的终极目标是使人摆脱某种物欲的界限,从而使人具有精神性的、理想化的人生意义与人生境界。审美活动功利性与非功利性统一的特性,决定了大学生的美育目标也必然是功利性与非功利性的统一。

(4)在确定高校美育目标时应坚持统筹兼顾和轻重有别。

统筹兼顾,即在确定高校美育目标时,要充分认识其功利性与非功利性辩证统一的关系,既立足于目标的功利性,又追求目标的非功利性。如果片面强调前者,则易导致高校美育过分侧重其工具性,其结果是削弱美育的独立价值;如单纯强调后者,则会使高校美育失去根基,成为空中楼阁。这两种倾向显然都不利于高校美育的健康发展。因此,要保证高校美育目标确定的科学性,既应看到美育的认识价值、道德价值和社会价值,又应看到美育对于实现大学生自我人格完善的有效作用,努力做到统筹兼顾,实现二者的有机融合。

轻重有别,即在确定高校美育目标时,应认识到功利性和非功利性不是等量齐观的,非功利性居于更高的层次。高层次的追求制约着低层次的追求。因此,在政策导向上,更应注重和支持高校美育目标非功利性的倡导与实现。

二、高校美育实施的规律

高校美育实施是高校美育的核心环节,该环节进行得科学与否,直接决定了美育的效果。因此,探寻高校美育实施的规律,是提高高校美育实效性的重要保证。鉴于大学生的知识水平、认识能力都达到了一定层次,具有审美观念、审美情趣、审美方式的丰富性,审美意识的倾向性,审美形式的选择性等审美特征,因此在高校美育实践中,既应注重感性教育,也应重视理性引导。高校美育实施的规律是感性与理性的统一。

(一)高校美育实施中应突出感性特征

"美学之父"鲍姆嘉通关于美育的感性教育理论为高校美育突出感性奠定了基础。所谓"感性",既指人的一种直观性、形象性的认识方式,又指人生而就有的包括本能、欲望和情感等的自然禀赋。

高校美育实施的感性特征具体表现在以下几个方面。

第一,情感性。情感性是美育的突出特征。高校美育的过程就是一个情感体验的过程,是审美对象作用于审美主体,使审美主体产生情感体验、获得美感的过程。另外,高校美育过程还是师生间的一种情感交流,情感性渗透教学的每一个要素和环节。教师、教材、学生等都是美育的基本要素,美育要求其高度情感化,并且最大限度地在教学过程中释放出来。一定意义上,美育作用于大学生的过程,就是大学生情感解放的过程。

第二,趣味性。人在审美活动中表现出来的喜爱或不喜爱的情感评价和心理定式就是审美趣味。它虽可体现为群体的共同审美倾向,但又具体地表现为个体的审美偏好或选择。在具体审美过程中,审美趣味几乎以无意识的直觉方式作用于审美选择和判断。由于个体的差异和审美对象的丰富多彩,人与人之间的审美趣味存在着明显的差异。

第三,形象性。美育以"形象"作为教育中介——通过美的事物具体、可感的形象来感染人,引发主体产生美感体验,以达到陶冶情感、促进感性发展的目的。思维形象性一方面表现为审美对象是具体可感的感性形象,美育过程始终伴随着生动可感的形象,始终伴随着对生命形象的体验;另一方面还意味着对形象情感意蕴的体验与解悟。席勒把美定义为"活的形象",车尔尼雪夫斯基提出"美是生活",他们的本意都是认为美是生命的形象。审美的形象性要求美育过程从教材到活动、从教师的指导到活动环境都具有形象性的特征。

第四,激发性。感性以人的情感过程为特征。对大学生而言,充满活力的审美创美活动、优美宜人的校园物质文化环境等都可激发其生命活力及创新意识。

(二)高校美育实施又具有理性的特征

高校美育中的理性既是指大学生在审美过程中以认知为核心的理解、推理等认识方式,也是指审美对象中蕴含着思想道德品质并对大学生的心灵成长具有涵育作用。

高校美育实施的理性特征具体表现在以下三个方面。

第一,对美的对象的介质的理解。欣赏艺术美必须掌握艺术语言,只有懂得各种艺术的表达方式,才能够体验其所传达的艺术情感和营造的美的意境。比如,欣赏中国戏剧,就要了解其程式等,一根马鞭就表示一匹剽悍的骏马,四个龙套就能演绎出大小三军;欣赏中国画,就要了解"墨分五色",要从大片空白中看到茫茫的云海、清澈的湖水、皎洁的月色。同样,欣赏自然美,也要了解自然美的格局造境、所属类型,否则,即便置身于人间仙境,也只能是只知其美,而不知其所以美。因此,高校美育的实施首先要让大学生学习、掌握必要的审美知识,使其懂得美的介质,这是他们进入审美世界的"通行证"。

第二,对美的形式的意蕴的把握。审美要求透过美的外在形象把握美的内涵。如艺术作品中,那些鲜活的艺术形象都融合了作者的思想感情、人生感悟、价值观念。同样,自然美和社会生活美在其外在形式中也都蕴含着人类的理性精神。自然美的内涵是人类在长期的审美实践中,因自然事物的形象与人类精神有某种相通之处,人们托物言志、借景抒情而逐渐赋予的,如松的坚韧、竹的风雅、莲的高洁等;社会生活美则明确地包含人类的理想信念、道德情操、行为规范及社会主义核心价值观等思想内涵。这些都是大学生在接受美育的过程中需要领悟的。把握各类美的意蕴,就需要一种"解码"能力。这种"解码"能力的获得既需要审美经验的积累,更需要丰富的人文社会科学知识,尤其是传统文化知识的积淀。因此,大学生只有积极参加艺术、社会、自然等各个领域的审美创美活动,感受大师的精品力作,仿效古人"读万卷书,行万里路",才能不断提高这种"解码"能力。

第三,情感的理性化。所谓情感的理性化,就是反复多次的情感理性积淀和丰富多样的情感体验会在人的意识深处建立起一种理性秩序,使人对外在事物的情感反应有理性的内核支配。美育的过程就是美的事物熏陶、作用于人的意识深处的过程,也是人的情感理性化的过程。美育情感的理性化在高校美育过程中表现为对人的整个内在世界发生作用,使感性的人成为理性的人,成为自觉地用美的规律改造客观世界和构筑主观世界的审美的人。也就是说,通过审美活动,美的对象借助于情感所表达的意蕴,反复作用于大学生的心灵,逐渐使其感性冲动自然而然地服从理性精神的统领。

（三）高校美育实施过程中感性与理性是统一的

高校美育感性与理性的统一性表现为以下两个方面。

第一，二者互为依据，互相促进。感性是理性的基础，美育一旦丧失感性特征，其理性因素就将无所附丽；理性又为感性指明了方向，高校美育的感性教育需要理性精神的渗透与理性光辉的照耀。感性与理性相互推动，一方面，大学生的个性、情感、情趣等感性元素需要理性的熏陶和滋养，以便获得健康发展；另一方面，审美的感性因素又是一种内在的动力，能驱动认识的深化，以及道德认识、道德理想、道德信念向道德行为转化，从而提升人的思维能力和道德素质。

第二，二者相互融合。理融于情，情寓于理。不同于智育中的理性，美育中的理性融合于对对象直观且整体的把握中。整个美育过程以情感活动为中介，以形象为内容和手段，在大学生个人爱好、兴趣的形式中提高他们的审美情趣，使他们做出审美评价，进而升华其精神境界。美育过程体现了感性与理性的和谐统一。著名美学家朱光潜认为，美感教育是一种情感教育，在审美欣赏中，人们摆脱了实用功利的直接束缚，精神完全贯注于美，产生一种超凡脱俗的精神愉悦，这种情的激发又可以转化为意志，这种情与理的结合体现了一种更高的精神境界。在马克思主义关于人的全面发展理论的指导下，重视美育过程中的理性因素，发展良好的感性因素，使大学生在理性与感性两方面协调发展是当代社会对人才培养的要求。

（四）如何实现高校美育实施过程中感性与理性的统一

第一，正确选择美育内容——既要生动有趣，又要有思想性。柏拉图曾指出，并非所有的文学艺术作品都适宜作为青年人美育的内容。当今高校美育信息含量有限，远远不如大众传媒信息铺天盖地、无孔不入，况且美育是一种终身教育、自我教育，因而，高校美育要起到的是"灯塔""指南针"的作用，它给予大学生的不仅应是"金子"，更应是"试金石"。故而高校美育内容是非常关键的，既要生动有趣、富有吸引力，又要有深刻的思想性，在重视感性教育的同时，牢牢把握美育实施的理性内涵，以便能够有效地引导大学生提高审美能力。

第二,拓宽美育途径——以开展活动为主,同时注重理论教育。高校美育的内容和形式丰富多样,作为独立的教育内容,其主要通过五种途径来进行:一是美学、美育的必修课和选修课;二是艺术教育,包括音乐、书画鉴赏,以及工艺美术等方面的选修课或专题讲座;三是美育类第二课堂活动;四是在非美育类的课程中渗透的美育因素;五是校园的物质、文化审美环境。不同的美育方式都发挥着各自不同的功能。总体上说,方式二、三、五更多地体现美育的感性教育性质,方式一和方式四则更多体现美育的理性教育特性。对于大学生来讲,丰富多彩的美育类第二课堂活动让大学生在活动中相互影响,能够发挥更大的美育作用。总之,以开展活动为主,同时注重理论教育,是实现高校美育感性与理性相统一的有效途径。

三、高校美育评价的规律

高校美育一种情感教育、人格教育和全面发展的教育,不能依赖教化和灌输,而要通过审美激起大学生情感上的波澜,从而使他们形成对美的自觉追求,并在追求中不断完善自己。美育的这种自由性、自主性的特点,对高校美育的评价来说,从内容到形式都有重要的影响。

评价是一种价值判断的活动,是对客体满足主体需要程度的判断。教育评价是根据一定的教育目标,运用科学的手段,通过对系统信息资料的收集和分析整理,对教育活动、教育过程和教育效果进行价值判断,以期提高教育质量,为教育决策提供依据的过程。高校美育评价则是根据美育的目标,运用科学可行的方法,着眼于大学生审美素质的发展,对教学的要素、过程和效果进行的一种价值性判断。它是美育系统不可缺少的重要环节。

高校美育评价对于发现、剖析、矫正高校美育所存在的问题,构建可持续发展的高校美育体系并提高其实效性具有举足轻重的作用。高校美育评价的具体作用主要表现在以下三个方面。

第一,对大学生具有鉴定和激励作用。根据高校美育目标,高校美育评价对大学生的审美素养及其参与审美实践活动、创美实践活动的情况做出相应的评定和判断,并找出差距,确定努力的方向,从而激励大学生积极接受审美教育,自觉提升审美修养。

第二,对教师具有诊断和引导作用。高校美育评价作为一种反馈—矫正系统,能够帮助教师发现美育过程中存在的问题,帮助教师弄清影响美育效果的各种因素,从而为教师适当改进教学工作提供依据。

第三,对管理者具有导向和调控作用。高校美育评价提供了衡量教育过程或结果好坏的标准,支配或引导着美育的各个环节,包括美育目标的制定、教育资源的配置、教育内容与方法的选择、教育过程的展开等,既能帮助高校管理者掌握科学、规范地指导美育工作的思路与手段,又能对高校及其管理者切实推进美育工作起到检查、督促作用。

高校美育评价的目标是构建一套教育主管部门对学校、学校对教师、教师对学生的较为完善的、切实可行的评价体系,以促进高校美育的各个要素发挥应有的作用,保障高校美育目标的实现。因而,高校美育评价包括教育主管部门对学校、学校对教师、教师对学生三个不同层次的评价。评价的内容涉及过程评价和效果评价等多个方面。由于美育在本质上是情感教育、人格教育、艺术教育,所以各个层次的评价,无论是针对过程的评价还是针对效果的评价都有诸多内容难以量化。比如学校对网络美育环境的监控和校园文化氛围的营造、美育教师课堂教学审美互动的活跃程度和教学效果、学生参与美育活动的态度及其审美情感与人格塑造情况等都无法进行定量评价。因此,对高校美育进行定性评价是必不可少的。但是定性评价的缺点是评价结论具有模糊性,有时候很难反映出对象之间的差异性,因而容易产生"千人一面"的结论,不利于高校美育工作的深入推进。高校美育的各个层次均有一些可以量化的要素,如学生美育课程的考试成绩、美育教师的任课时数,特别是学校对美育工作的经费投入、硬件建设情况等都可进行定量评价。定性评价与定量评价是不可分割的,离开定量评价的定性评价,容易使认识停留在模糊的阶段;离开了定性评价的定量评价,则难以对数量做出科学评价。因此,高校美育评价应遵循定性评价与定量评价相结合的原则。

（一）定性评价

定性评价是一种透过现象看本质的评价方法。高校美育的定性评价是对高校美育实施的过程与效果是否与目标一致的价值判断,其基本内涵包括以下几个方面。

第一,关于学生"学"的评价。评价内容主要包含两个方面:其一,对大学生在美育过程中的表现及美育效果进行评价。这一评价由两个部分构成,首先是对大学生在美育过程中的态度及其在教师创设的审美情境中获得的审美体验程度等的评价;其次是对大学生通过美育,在审美趣味、审美观念、理想、个性等方面是否得到提高,以及他们的审美感受力、理解力、表现力、鉴赏力和创造力是否得到发展的评价。对前者的评价可依据学生的自我认识、自身感受以及教师与其他学生对该学生的观察进行评价。评价的程序是学生自评或小组互评,最后教师认定。教师可制定一定的评价标准,依据学生对审美对象的评说或对其创造的审美作品的展示、介绍进行评价。其二,对大学生参与美育活动的情况进行评价。具体根据学生在活动中的表现和作用等对其进行评价。

第二,关于教师"教"的评价。主要涉及对三类教师的评价:一是对美育类教师"教"的评价,包括对教学内容、教学目标、教学过程等几个环节的评价。教学内容评价就是评价教师是否深入理解并呈现教材中的各种审美因素。教学目标评价就是评价教学是否体现美育课程的目标要求。教学过程评价就是评价课程结构、教学节奏、情境设计、方法选择、讲授语言、教师教态等是否审美化。评价教师教学过程中的状态是否积极,以评价其建立的师生关系是否实现审美互动为核心。二是对非美育类教师"教"的评价包括对教学内容、教学目标、教学过程等环节的评价。教学内容评价就是评价教师是否注重发掘并呈现课程中的审美因素。教学目标评价就是评价教学是否体现非美育类课程审美渗透的目标要求。教学过程评价就是评价课程结构、教学节奏、情境设计、方法选择、讲授语言、教师教态等是否审美化。三是对辅导员、班主任的评价。评价内容主要包括其组织学生开展课外美育活动的情况,以及日常生活中对学生审美素质的培养和对学生自我美育的引导等方面。

第三,关于学校的评价。对学校的评价主要涉及两个方面:一是学校对美育工作的重视程度。评价内容包括决策者是否了解高校美育的方针政策并在高校美育的各项工作当中落实,是否对校园网的网络信息从高校美育层面进行有效监控等。二是校园文化氛围。其主要体现为精神的和物质的两个方面。校园精神文化主要包括校园历史传统和被全体师生认同的文化观念、价值观念、生活观念等意识形态。通过构建校园文化体系、丰富校园文化活动、规范校园传媒环境等营造和谐的校园文化氛围。校园物质文化主要是利用校园自然环境、校园文化艺术设施、校舍设施环境等物质文化资源打造"育人式"校园,使校区软环境与硬环境建设相互协调。

(二)定量评价

定量评价是一种用数字说明问题的评价。高校美育的定量评价是指运用数字对高校美育实施的条件与效果所进行的价值判断。美育定量评价涉及的内容主要包括以下几个方面。

第一,对学生的评价。评价的方法主要有两种:其一,通过试卷对学生美育知识及审美能力进行测评,程序是制题—测试—评价;其二,对学生参加美育活动的频率,即参加活动次数的成绩进行核算,程序是活动—参与次数—评价。

第二,对教师的评价。对美育类教师进行定量评价的主要依据是课时数、发表美育类科研成果数量等。对非美育类教师进行定量评价的主要依据是相关研究成果发表情况。对辅导员进行定量评价的主要依据是组织美育活动的次数。

第三,对学校的评价。评价内容包括五个方面:一是经费的投入;二是设施场地的建设;三是制度的建设和工作计划的制订;四是师资队伍的建设及其福利待遇;五是教师的培训次数。

(三)定性评价和定量评价相统一

以定性评价为主是由高校美育的特性所决定的,但就高校美育实践的具体情况而言,又需要辅之以定量评价。因此,应该把定性评价和定量评价结合起来。

第一,高校美育是质和量的统一体。辩证唯物主义认为,任何客观事物都是质和量的统一,缺一不可。高校美育也不例外,无论是教育过程还是教育效果都是质量合一的客观存在。要想全面准确地评价高校美育，定性评价和定量评价两方面都要兼顾。

第二，定性评价与定量评价各有优点和缺点。定性评价与用数字、图表等来表述的定量评价相比较，主要是在描述的基础上进行评判，具有考证性较差、准确率不高、主观性较强等缺点。但定性评价可以覆盖更广泛的内容，实现对高校美育的目标、过程及效果的全程关注。定量评价具有客观化、精确化的优点，但它往往也有测算复杂、覆盖内容有限等缺点。[①] 所以只有各取所长，实现二者的有机统一，才能更加全面客观地评价高校美育。

（四）如何在对高校美育的评价中更好地实现定性评价与定量评价的统一

第一，以系统科学的理论和方法来指导美育评价。系统科学的理论和方法是马克思主义哲学普遍联系观点的具体化和深化，本身就是定性与定量的完美统一。因此，在对高校美育进行评价时，要将定性评价与定量评价相结合。在评价前，界定好高校美育的确定部分与模糊部分，用拥有科学方法和先进技术手段的定量评价分析确定部分，如美学课程的开课情况、美育活动开展情况等客观的指标；而对于大学生审美素养、教师课堂审美情境营造情况等则进行定性评价，总结、归纳其指向性变化。定性评价与定量评价的结合，一定程度上能够确保高校美育评价的客观性、行为选择的准确性和决策行动的科学性。

第二，将现代数学和现代科技手段引入美育评价。现代科学的发展为高校美育评价的定性评价与定量评价相结合提供了有力的工具。如概率论、突变论、模糊数学、模式识别等现代数学分支正在逐渐被引进教育评价领域，为高校美育评价的定性评价与定量评价统一提供了科学方法上的支撑。此外，信息技术为高校美育的定量评价提供了简便易行的技术工具。

---

① 宁薇.大学生美育论[M].天津：天津社会科学院出版社，2013.

第二章 高校美育的方法和模式

任何教育活动都需要一定的教育方法。一般意义上的方法是指人们在认识和改造主客观世界的过程中,为达到预期目的所采用的手段或方式。在审美教育的整个逻辑进程中,教育方法是否科学,直接关系到教育目标能否实现。

第一节 高校美育的方法论

方法是关于解决思想、说话、行动等问题的门路、程序等。在中国古代,方法被称为方术、方略或办法。英语中"方法"一词为"method",来源于希腊文的"methods",本意是沿着一定的路径前进。列宁在《哲学笔记》中摘录过黑格尔的《逻辑学》中的一段话:"在探索的认识中,方法也就是工具,是在主体方面的某个手段,主体方面通过这个手段和客体相联系。"审美教育的目标,要通过科学的审美教育方法来实现,审美教育的内容,也要通过合适的方式、方法才能落到实处,所以审美教育的方法是能否实现其目标、完成其任务的关键。

一、审美教育方法论的层次结构

一般方法论的结构有三个层次:第一层次是哲学方法,是最一般的方法,包括历史的方法、辩证的方法、逻辑的方法等;第二层次是专门的科学方法,即各门学科专有的方法;第三层次是一般的科学方法,可在跨学科的、较广的范围内普遍适用。

审美教育方法论的层次与一般的方法论层次有相同也有区别,总结前人的研究成果,可以总结为哲学的方法、原则的方法、具体方法和操作方法四大层次。

(一)审美教育的哲学方法

审美教育的哲学方法主要指世界观及其方法论层面,是作为指导思想的方法,反映了审美教育的一般规律,具有较高的概括性和统摄性。事实上,这一层次的方法就是唯物辩证法、历史唯物主义和辩证唯物主义世界观,是人们观察人类社会现象和分析人们思想的唯一的科学方法。世界观决定方法论并为方法论提供理论依据和基本原则。科学的世界观能够派生出一切从实际出发的科学的方法论原则,而唯心主义的世界观则会转化为主观主义的方法论原则。从功能上看,审美教育的哲学方法并不为某一次教育活动提供具体的操作程序和方法,它不是具体指导某项活动如何展开,而是把握审美教育的整体思想方法,指导整个审美教育活动的进行,所以构成审美教育方法体系的第一个层次是实现审美教育目标必须遵循的一些基本准则。

(二)审美教育的原则方法

审美教育的原则方法是一定的审美教育方法理论的集中和概括,属于审美教育方法论的中层理论,它是从各种审美教育活动中抽象概括出来的原则性方法,并不是针对某项教育活动的具体操作方法和程序,但又可以指导教育实践。也就是说,它在审美教育的全过程中起着导向和规范作用,由它规定了其他具体层面方法的方向和要求。对于一个具体的操作方法来说,至少有一个审美教育的原则方法对它起着指导和制约作用,从而形成审美教育方法体系的第二个层次。这一层次的原则方法包括知行统一的原则方法、理论联系实际的原则方法、教师与学生互动的原则方法、层次性和针对性的原则方法、集体教育与尊重个性发展相结合的原则方法、正面教育与自我教育相结合的原则方法、精神鼓励与物质鼓励相结合的原则方法等。这些方法具有中层理论的性质,在审美教育方法体系中既有宏观的指导意义,又具有一定的实践意义。

(三)审美教育的具体方法

这一层次的方法与上一类方法比较,概括性程度较低,但又比下一类具体操作方法概括性程度较高,是涉及审美教育过程中各个主要环节的具体方法。它以哲学的方法为思想基础,又受到审美教育原则方法的指导,由具体的教育活动方式构成,属于各类审美教育方式总和的方法。这一层次的主要方法包括:审美教育的认识方法,具体有启发式方法、灌输教育法、审美思维训练法等;审美教育的实施方法,具体有情感陶冶法、自我教育法、实践锻炼法等;审美教育的调节评价方法,具体有综合素质测试法、审美能力评价法等。这一层次的方法在审美教育的各个主要环节中起主导作用,在审美教育方法体系中占据重要地位。它们是理论联系实际的桥梁,是主观过渡到客观的中介,是形式表现内容的媒介,也是教育工作者在长期的审美教育实践中摸索出来的行之有效的方法。

(四)审美教育的操作方法

这一层次的方法是审美教育的原则方法和具体方法在教育实践中的具体运用和体现,是审美教育方法体系中比较微观的方法,也就是审美教育活动过程中的操作方法。因为它最直接,所以具有高度的灵活性、具体性、生动性和创造性,是直接影响审美教育效果的方法层次。比如,如何将显性教育和隐性教育相结合,把灌输理论与陶冶情操相结合,淡化教育痕迹,发挥环境育人的作用,达到"不教而教"的最高境界。这些具体操作的方法与技巧恰恰是审美教育能否真正走进学生心灵的直接因素。审美教育工作者正是要在这一层次上充分发挥自己的主动性和创造性,表现出特有的风格和水平,体现出强大的精神感染力,以取得审美教育的成效。

以上四个层次,只是一个大致的划分,各个层次都具有特定的内涵和功能,但各个层次之间又具有不可截然分割的关系。它们按照从高层到低层、从宏观到微观的顺序排列,互相影响和制约,构成一个统一的方法体系。

二、当代高校美育的常用方法

多年来,我国的高校审美教育在具体教育实践中运用、创造了多种方法,并仍在不断发展完善。把审美教育的具体方法与第四层次的具体操作方法技巧结合起来考虑,可以得出当代高校美育过程中常用的方法,以及它们的特点与创新思路。

(一)灌输教育法

灌输教育法是外界向学生系统地传授某种思想理论体系的常用方法。超前灌输就是要抓住学生审美价值观正在形成的契机先行灌输正确的观念。先入为主,是人们思想发展的常见现象,人的心理认识总是具有趋前倾向,往往会按照首先获得的综合信息来解释后面的信息,形成先入为主的思想观念。根据这一心理特点,高校审美教育要重视对学生的超前灌输教育。

灌输教育法的主要实施方式是课堂讲解,通过课堂讲解,教师可以系统地阐述特定的审美理论观点,正面灌输科学的审美观念,让正确的审美观念占领大学生的头脑,以便从根本上提高学生的审美素养,增强他们的审美能力。讲解法的最大优势在于它能够在最短的时间内向学生呈现、介绍大量和系统的信息,教师合乎逻辑的分析也有利于学生审美能力的提高和审美价值观念的养成。

灌输教育法具有以下几个基本特征。

一是直接性,即在审美教育的过程中,教师与学生都明确意识到在开展或接受教育。这一特征使得学生只有在发自内心接受审美教育的前提下才能有效实现审美教育目标。

二是系统性。知识传授一般是一个相对长期的教育过程,面向比较稳定的学生群体,开展教育的时间地点也比较固定。这就为教师进行充分的教育准备,有目的、有计划、分步骤、分阶段地开展审美教育提供了现实可能。

三是易普及性。知识传授简单易行,一般意义上,只要有一至两名专业的美育教师和足够大的教育场所,就可以对上百名甚至数百名学生同时开展审美教育。

在审美教育过程中,教师不仅要传授美学基本理论知识,还要引导学生认识美的起源、本质、规律,认清审美对象的价值,掌握欣赏和创造美的原则和基本方法。在日常学习、工作、劳动中,让学生亲身体验客观世界和人自身的美,对真善美和伪恶丑进行比较并予以正确评价。如在讲授"社会美"这一问题时,可引导学生对照自己,找出差距,确定目标,不断完善自我。学生对美的认识和体会,总是感性的东西多一些,理性的东西少一些,因此难免美丑不分。通过对美的知识和理论的学习,学生认识了美的本质、规律、范畴、形态,了解了各种艺术的基本常识,从而提高欣赏美的能力。

灌输教育法的最大缺点是很少有机会让学生以与教师完全对等的身份主动参与教育过程,所以理论界有些争议。但事实上它是审美教育的常见方法,只要运用得好,还是非常有效的。灌输教育法不等于满堂灌,教师在应用时首先要确定教育目标,并根据目标进行精心策划与安排,使之具有科学性、系统性和逻辑性,确保大学生能获得必要且正确的信息;同时,教师要注意学生的发展情况,适时提出问题引导学生积极思考;教师还要进行监控和信息反馈,推动学生持续发展。因此,教师要不断改进灌输教育的方法,使之行之有效。

(二)实践磨炼法

实践磨炼法是指通过组织学生参加各种社会实践活动来提高学生审美素质的方法。传统的审美教育重在灌输和掌握理论,忽视了让学生按照认知的理论来规范自己的审美行为。审美教育注重实践,可以让大学生在实践中体验和外化学到的审美观念和审美规范,并在实践中进一步提高审美能力。一般来说,实践磨炼法主要包括参加校园活动、劳动实践、参观访问等方式。

实践磨炼强调的是学生通过亲身体验,在实践过程中实现社会化并形成对美的理论、原则的更深刻、更准确的认识,提高审美、创造美的水平与能力,使个体身心得到和谐发展。体验基于自身的亲身实践,它必由自己的感官、自己的认知、自己的情感和生命体验达成"意义世界"和"价值世界",最终形成对美的态度。马克思主义认识论和实践观认为,社会实践是人的正确思想形成发展的源泉,是人的思想发展的动力,是人的思想认识的目的,也是检验人的思想观念是否正确的唯一标准。这是审美教育实践磨炼法的主要理论依据。

实践磨炼法在当代高校美育中起着不可替代的作用。通过组织大学生感受现实审美生活,一方面可以使其在感性认识的基础上验证已经学习掌握的相关知识和理论,有利于强化审美理论教育的成果;另一方面可以使大学生在实践体验中获得新的感受,使其审美需要得到满足,促进了大学生身心的协调发展。

审美教育过程中,教师在实施实践磨炼法时要遵循以下原则。

一是要建立实践体验的长效机制。实践,认识,再实践,再认识,是一个无限循环往复的过程。大学生的审美观具有一定的波动性,仅依靠一次实践活动就达到提高审美能力的目的是不现实的。应当建立审美实践的长效机制,根据高校美育的新形势、新问题,灵活运用和积极创造各种适当的实践形式,逐步提高大学生的审美观和审美创造能力。

二是要对实践体验的过程加以指导。未能进行科学组织的实践磨炼往往容易浮于表面、流于形式。要想取得显著的教育效果,就必须对实践过程加强指导。首先,要从大学生审美价值观的客观现状出发,制订实践计划。其次,要在实践过程中指导学生有目的地观察与记录。最后,要给学生提供相关理论支持和比较参考对象,指导学生深入理解,使学生产生思想和情感的共鸣,从而获得美的享受和受到深刻教育。

实践磨炼法的特点是实践与行动,教师在运用时要注意放手让学生去做,明确要求并持之以恒,还要充分尊重学生的实践成果。

(三)情感陶冶法

情感陶冶法是指通过创设良好的教育情境与建立良好的校园环境,使学生在无意识、不自觉的情况下接受审美教育的方法。相对于其他的教育方法,情感陶冶具有"暗示"的性质,起到"随风潜入夜,润物细无声"的效果。

情感陶冶法的特点是非强制性、愉悦性、无意识性,将教育意向和教育内容寓于生动形象、趣味盎然的环境与生活之中，属于隐性教育。所以，教师在运用情感陶冶法时需要注意以下几点。

一是形式上要具有一定的吸引力和感染力，如此才能博得学生情感上的共鸣，达到熏陶教育的目的。

二是注重发挥学生的主体性作用，引导和鼓励学生参与各类文化活动，多创造高水平的文艺作品，让学生在参与和创造中接受教育。

三是避免直接的、明显的、外部强加的意图。

情感陶冶法的缺点是不能在短时间内教授大量的知识信息，所以，情感陶冶法必须与其他教育方法结合起来才能发挥出最大的教育功效。

(四)修身养性、自我教育法

这是指在教师指导下，学生在自我意识的基础上，进行自我修养与自我教育，从而自觉地实现审美观念转化和审美行为控制的方法。

当代高校美育中的自我教育法具有自觉性和主动性的特点，它的主要依据是辩证法中关于外因通过内因起作用的原理。学生审美素质的真正形成要经历"知—情—意—行"循环往复的过程，这是一个由外而内，再由内而外的内化与外化的过程，不经过主体自身的价值体悟与接纳，任何审美观念都无法让学生真正接受。也就是说，内因是变化的根据，外因通过内因起作用。所以，只有包含自我审美教育的美育才是真正的教育。

审美教育过程中实施自我教育法时要遵循以下三个原则。

一是要把自我教育与教师教育紧密结合起来。在审美教育中强调和提倡自我教育，并不意味着可以降低对教师的要求，而是要求教师必须具备更高的教育责任感和教育水平。

二是要把学生的个体自我教育与集体自我教育紧密结合起来。学生个体不能脱离集体而孤立存在，个体的自我教育也不能脱离集体自我教育而孤立进行。集体本身就是一个教育的主体，可以起到教师无法替代的教育作用，可以促进成员间的相互交流和相互督促，成为推动个体自我教育不可缺少的外来动力。

三是要把自我教育与社会实践紧密结合起来。社会实践是学生审美观形成与发展的基础,因而也是自我教育的基本途径。因此,教师要积极组织和引导学生在实践活动中提高自己的审美能力。

自我教育在高校美育过程中具有十分重要的作用,是提高大学生审美素质的有效途径。自我教育的作用体现在两个方面,一是有利于教师和学生融为一体。审美教育是教师教育与学生自我教育双边活动的过程。教师教育是学生自我教育的前提和条件,自我教育则是教师教育得以实现的关键。自我教育充分发挥学生的主观能动作用,使其自觉、主动、积极地进行自我学习、自我修养,提高了审美素质。二是有利于增强教师的自我教育能力。学生只有具有自我教育能力,才能自立、自为。当代高校美育的自我教育过程,实质上也就是一种提高自我认知能力、自我调节能力的过程。在自我教育的过程中,学生自我学习、自我发现,逐步增强了审美能力。

这种教育法能充分尊重与体现学生的自我意识,使教育与自我教育相协调,培养学生自我提高、持续发展的能力,提高审美教育的效果。在实施过程中,教师要注意激发学生自我教育的动机,教给学生自我教育与修养的具体方法,养成自我教育的习惯。

(五)朋辈交流沟通法

当代高校美育中的朋辈交流沟通法是指具有相同背景,或是由于某种原因使具有共同语言的人通过平等的对话交流的方式在一起分享信息、观念或行为技能,以提高审美能力、完善审美素质的教育方法。

审美教育是需要学生积极参与的一种特殊教育,学生主观能动性的发挥程度直接影响美育的效果。由于彼此间交流沟通营造的平等、尊重的氛围,学生摆脱了只能被动接受,并且自我意识受到某种程度的压抑和控制的局面。由于交流者的平等身份,学生可以无所顾忌、畅所欲言,甚至大胆质疑,激烈争论,在毫无保留的互动交流中解惑去疑,修正偏颇,坚定信念。同时,朋辈的交流由于交流的双方具有大致相同的身份、背景,也更能产生情感的共鸣,结下深厚的友谊。朋辈交流法还使学生在交流中通过互通有无,丰富自己原有的认知体系。特别是在争论中,学生很容易产生思想火花的碰撞,发现新的理论视角和观点,促使学生进行更深入的思考和研究,启发和培养学生的创新能力。朋辈交流的这些特点都使大学生的审美认知与欣赏能力得到长足发展,使其审美的想象力在激烈争论与快速思索中展翅翱翔。

(六)网络审美引导法

网络审美引导法主要是指针对信息化社会网络信息的迅速传播,通过校园网络媒体的正向引导来提高大学生审美认知和审美价值判断能力的方法。这是一种新兴的教育方法。

从当前各种媒体对大学生的审美引导力的对比上看,网络媒体的审美引导力越来越不容忽视,它正在潜移默化地影响着学生的审美价值观。所以,积极的网络审美引导已十分需要。校园网络与高校校园内外的热点事件密切联系在一起,这些热点事件通常是社会生活中的各种审美新问题、新现象和审美观念新变化的集中反映。对于思想活跃的大学生来说,这些热点事件正是他们所关注和思考的焦点,围绕这些热点事件所产生的大量审美评论信息的内容对大学生审美观念和审美行为的影响作用不可低估。近年来,一些校园网建设比较完善的高校,校园网络媒介已经超越了报纸、广播、电视以及校外网站,成为大学生获取审美信息内容的主要渠道。也就是说,当今多数大学生的审美观念和审美行为受到校园网络的直接影响。高校审美教育要立足校园网络信息环境,因势利导,积极营造校园网上的热点信息、热点话题,把握构建校园审美热门话题的主动权,从而实现网上"主题审美教育"的效果。

另外,还有辩证施教法、以身立教法等。在教育过程中,每一种方法都不可能"包治百病",每一种方法各有自己的适用条件与范围,各有自己的优势与局限。因此,教师要注重各种方法的综合运用,使其优势互补、互相促进,从而形成合力效应,取得更好的教育效果。

第二节　高校美育的具体模式

　　"模式"一词来源于拉丁文"modus",意思是与手有关的定型化的操作样式。它最初只是指对操作过程的经验性的概括,之后这一词上升到更抽象的意义,一般通用为"方式"。《现代汉语词典》对"模式"的定义:"模式,某种事物的标准形式或使人可以照着做的标准样式。""模式"既有抽象性、简约性的特征,又不等于具体的事实经验,它是一般原理与具体条件相结合、原理的共性与具体的个性相结合而形成的活动结构的活动形式。当代高校美育模式,是指在一定的教育理论指导下,在长期的审美教育实践中优化与组合各种方法而形成的一种相对稳定的活动结构及其配套的实施策略,是具有固定倾向的系统化和理论化的审美教育模式。

　　就当前高校美育的实际情况而言,可以归纳为三种基本的模式:目标结构模式、素质结构模式和功能结构模式。从理论上来看,这三种模式是密不可分的一个整体,在教育过程中是不可能把它们强行分割开来的。但是,由于在具体的教育实践过程中相互之间理解角度的差异、着眼点的不同,就会形成不同的基本行为特征,由此而产生不同的实际效果。从这个方面来说,我们根据其不同的行为特征,把个体的实践行为分成不同的类别来加以研究,无论是从理论上,还是从实际的需要来看,都是必须的。

一、当代高校美育的目标结构模式

　　目标结构模式是从当前学校审美教育的普遍现象中概括出来的。这种教育模式立足于"五育并举"的指导思想,把审美教育作为人的全面发展培养目标中的一个有机组成部分,作为与学校教育中的德育、智育、体育、劳动技术教育等方面的教育整体并存的一个组成部分,这就保证了审美教育在学校教育中的应有地位。这种审美教育的实践活动主要侧重培养目标的全面性和教育内容的整体性,因此,我们将其概括为一种模式,并根据其基本特征命名为"目标结构模式"。

（一）从理论上来讲，目标结构模式是对高校教育片面发展的一个重要修正

通过审美教育活动，让学生在"美"的熏陶下，真实体验到情感的活动，懂得如何抒发自己的感情，促进情感因素健康发展，这本来就是教育工作的一个有机组成部分。对此，无论是我国古代的教育家，还是西方的康德、席勒等学者，他们早就以各自的思想，从不同的方面进行了科学的理论论证。但是，进入近代的工业社会以后，人们受到功利主义价值观的支配，导致教育向以传授系统知识、开发理性能力为唯一目标的"唯理智教育"方向发展，忽视了教育本来就蕴含着的情感性特征，出现了严重忽略人在情感方面健康发展的局面，其结果是社会个体成员在其社会化过程中，难以满足自身的情感需要，不能正确调节和运用人的情绪机制，由此便产生了学生知、情、意、行等心理因素发展的不和谐、情与理活动的不协调、身心发展的不平衡等一系列问题。鉴于此，20世纪初，我国的王国维、蔡元培等学者强调把审美教育纳入学校的培养目标，以扭转学校教育片面发展的倾向。

进入20世纪80年代以后，为了扭转高校教育这种片面发展的局面，审美教育重新受到了重视。"五育并举"的要求通过政府的职能部门提出来了。越来越多的教育工作者努力在自己的工作实践中实施审美教育，由此形成了高校审美教育蓬勃发展的局面。

（二）目标结构模式的缺陷

当前，把审美教育作为人全面发展的培养目标中的一个有机组成部分，保证了审美教育在学校教育中的应有地位。但这种只是着眼于培养目标和整体教育内容这个宏观结构的指导思想，由于无法突破客观的局限，导致了审美教育实践活动出现了"空"与"泛"的现象，从而停留在表面化的发展状况。

学校教育中的德、智、体、劳方面的教育，都有相应的课程结构系统、

严格的课程教学计划以及教育教学过程的监控系统来保证其实际地位。而对于审美教育来说，虽然有音乐、美术等艺术教育课程，但是其无法承担起审美教育应有的任务。

由于学校的艺术课程难以全部承担起审美教育的任务，而国家提出的培养目标中又实实在在地规定审美教育的内容，为了解决这些矛盾，就只能把审美教育的任务"分配"给其他教育组成部门。这种行政任务式的"分配"，由于未能解决有机结合的问题，就出现了"泛化"现象。在有关的教育政策条文里，各个学校教育组成部门都承担着审美教育的任务；而在具体的教学实践行为中，却又任务落空。

二、当代高校美育的素质结构模式

素质结构模式是从审美教育实践活动中构建出来的。一些坚持工作在学校审美教育第一线的教育工作者，有感于"目标结构模式"审美教育所存在的局限性，为了使审美教育真正能够发挥出它对人的全面发展的影响和作用，构建出审美教育的"素质结构模式"。

根据对同类材料的整理和提炼，高校美育的素质结构模式具有以下的基本特征。

（一）能够将审美教育落实到促进学生素质全面提高和良好个性发展之中

素质结构模式的最大特征，就是把着眼点从宏观的教育目标结构延伸到微观的学生个体素质结构当中。教育目标是一个宏观的指标系统，对于具体的教育过程来说，它只是发挥着宏观调控的制约和导向作用。学生个体素质是教育影响的最终受力点，学生个体素质结构的变化才是直接检验教育影响力的评价依据。因此，对于具体的教育行为来说，宏观的教育目标系统和微观的个体素质结构是相辅相成的统一体，只有把教育目标真正转化为学生的个体素质，才能使其真正具有"教育"的意义。审美教育的目标结构模式恰恰是只着眼于宏观的教育目标系统，而未能解决教育影响的最终受力点——学生的个体素质结构问题,这样的教育行为也就难免流于形式了。

素质结构模式把着眼点从宏观的教育目标结构延伸到微观的学生个体素质结构之中,把注意力集中在教育影响的最终受力点上。这样的教育行为,追求的不只是体现教育目标的要求,更加注重的是教育目标的要求真正进入学生个体素质的结构当中,转化为学生良好的个性特征。这样的审美教育,当然不只是在理论上显得更加完整、合理,在实践方面,也必然显示出更大的教育效益。

(二)能够产生辐射和化合作用,从而促进大学生整体素质的提高

审美教育的"素质结构模式"把着眼点从宏观的教育目标延伸到学生个体的素质结构之中以后,就在这个微观世界中开拓出"目标结构模式"未能深入的领域,填补了"目标结构模式"的空白。

首先,它通过分析人的素质构成,把教育目标结构中的各个构成部分与人的素质结构中的各个构成部分建立起各种对应关系,并根据这些对应关系确定教育的内容、形式、手段和方法。实质上,就是建立起一个把"教育目标""素质结构""教育行为"整体统一起来的结构系统。这个结构系统的建立,就使审美教育不再是架空的,而是能够对学生素质产生实质性影响,从而为使审美教育真正落到实处提供了客观可行性的保证。

其次,它通过把握住个体素质的内部构成,深入个体素质结构中的知、情、意、行等各个领域,研究诸如审美意识、审美情感、审美创造行为等一系列与审美教育相关的理论问题;同时,也根据审美教育的特点,研究在艺术课程、艺术活动、教育内容、教学内容等具体内容和形式中隐含着的审美教育因素,以及如何使这些因素对学生的发展产生影响等一系列实践问题。这些深入个体素质内部,包括理论和实践方面的研究,就为高校更加切实、深入和有效地进行审美教育提供了科学性的保证。

最后,在深入了解了知、情、意、行等个性心理品质的性质和特点之

后,高校审美教育不但能够在发展学生的审美情感等方面充分发挥影响和作用,而且能够充分利用审美情感等各种因素的特点和影响,促进大学生素质的全面提高。在教育过程中,教师可以引导学生将艺术类学科的形象思维与其他学科的抽象思维进行有机结合,实现艺术教育与学科教育的互补;可以引导学生利用审美情感的动力功能,促进自己在知识学习、品德修养、行为实践等方面的发展;可以激发起学生对审美创造活动的追求热情,使他们在参与审美创造活动时,按照美的特点和规律反映生活的同时,按照美的要求来改造自己,实现自我形象的审美追求。如此,审美教育不但是实实在在的,而且是富有生气的,能够充分发挥它的全部功能。

(三)有利于促进教育、教学行为与审美行为的结合,从而改革课堂教学结构

在目标结构模式的审美教育活动中,教师只是按照教育目标与课程设置相对应的关系,把教育活动局限在艺术学科的狭小范围内,导致这些学科课程难以全部承担起审美教育的任务,而不得不通过行政的手段将其"分配"给其他学科。这种行政任务式的"分配",就使审美教育变成一种"附属品",使其他学科教学在发挥审美教育作用时产生一种"额外负担"的情绪,由此极大影响着审美教育的质量。

当我们把着眼点放到教育目标与学生个体素质结构的相互关系时,情况就大不一样了。任何一门学科的教学要求都必须落实到促进学生素质提高的根本立足点上;任何一门学科的教学过程都必须利用到知、情、意、行等个性心理品质的构成因素;任何一门学科的学习过程都不是一种纯粹的智力活动,都是智力因素与人的情感、意志、行为等非智力因素相互影响、交叉感染的过程。当我们从这个角度来认识和把握审美教育的本质、意义和要求时,它就不再是一种外来的"附属品",而是一种有机的构成;当我们从这样的指导思想出发开展高校美育活动时,美育就变成了一种各个学科教学自觉参与的整体追求行为,由此而实现了教育、教学行

为与审美追求行为的结合和统一。上述的认识问题，只是为审美教育行为与教育、教学行为的结合和统一提供了必要的条件，而要最终解决问题，就需要有一种相应的形式来保证具体教育行为的实施。因此，改革课堂教学结构，是实施素质结构模式审美教育的必由之路。

三、当代高校美育的功能结构模式

功能结构模式是美育工作者从"以美育人"的工作实践中总结出来的。如果说，素质结构模式能够比目标结构模式更加紧密地与教育、教学的具体过程结合起来，使审美教育超越"空泛化"和"表面化"的局限，显示出它应有的教育效益的话，那么，功能结构模式与素质结构模式相比，就不只是追求审美教育与教育、教学过程的有机结合了，而是直接把审美教育原理引入学校的办学机制，把学校教育的各个组成部分的审美教育功能充分发挥出来，使其形成一个有机组合的功能系统，从而在提高审美教育效益的同时，也提高学校的办学效益。

（一）功能结构模式与素质结构模式的比较

从实践的角度来说，无论是功能结构模式，还是素质结构模式，都是对目标结构模式的一大超越，只要保证审美教育能够真正引起学生的个体素质结构产生变化，能够真正促进学生良好个性品质的发展，就是成功的。至于运用哪种模式，并不足以评价相互的优劣。

但是，从理论的角度来说，我们把这两种模式加以比较，从比较中加深我们对审美教育活动的认识，提高我们进行审美教育活动的科学自觉性，却是应该而且是必须的。

1. 在认识上，两种模式所强调的侧重点各有不同

这两种模式，从其语言表述方面就已经清楚地表现出相互之间的区别。很明显，功能结构模式强调的是"功能"，但不是指审美教育一般抽象意义上的功能，而是深入审美教育的具体操作系统中，研究学校教育各个组成部分的审美教育功能，以及如何发挥各种具体教育活动的功能。素

质结构系统强调的是"素质",侧重对作用对象所直接承受审美教育影响的具体受力点。二者由于侧重点不同,产生了不同的外延指向。

2.在概念的外延指向方面,两种模式引申出两个不同的结构体系

这两个概念的外延,分别指向两个差别极大的不同系统——功能结构系统和素质结构系统。前者主要研究的是产生教育影响的操作部件及其结构形式、功能状态。所谓操作部件,指的是在学校教育的内部结构系统中,能够发挥审美教育功能和影响的各个组成部分,包括教育、教学、管理等操作系统。所谓结构形式,指的是各个教育组成部分的组织形式、功能组合、操作方式、运作规程等,它们直接决定着各个结构组成部分是否正常运作、彼此之间是否协调配合、教育过程是否顺畅、能否发挥整体功能等功能状态,也就是我们常说的教育效果。后者主要研究的是承受教育影响的物质基础和心理机制,如知、情、意、行等人的个性心理结构要素,人的先天遗传和后天养成的基本品质,人对教育影响产生反应的活动机制,人在思维活动中运用的基本形式等问题。它们是我们开展教育活动的重要依据。对这些问题的认识是否正确,了解得是否深入,把握得是否准确,都直接决定着我们的教育效果。这两个不同的结构系统,分别从教育运作的客观形态和接受影响的主观形态等不同的方面,揭示出直接决定着审美教育效果的各种主、客观因素。

(二)功能结构模式的基本特征

功能结构模式的基本特征,概括为以下几点。

1.将教育作为审美对象

将教育作为审美对象,就是把教育自身和各种教育因素作为一个审美对象来加以研究,以揭示和充分发挥其蕴含着的审美教育功能。以往的审美教育活动,基本上都是把主要注意力集中在承受教育影响一方的身上,主要研究解决教育对象的问题。而"功能结构模式"却侧重把注意力引向施加教育影响的一方,通过研究和解决教师自身的问题,提高教育

的效果。

这就要求把学校的各个教育组成部分,如教育活动的主体——人(教师和教育对象)、教育工作系统、教学工作系统、行政管理工作系统等,以及各种教育因素,包括教育内容、教育过程、教育机制、教育环境等,都作为审美对象进行研究,赋予他们美学意义,揭示和开发他们的审美教育功能。这个审美对象化过程,一方面,拓宽了高校审美教育的领域,使审美教育从艺术学科的狭小范畴中走出来,进入了一切教育、教学和管理工作的广阔天地,在学校内营造出一种浓郁的审美教育氛围;另一方面,这个审美对象化过程同时又是普及审美教育常识、开发审美教育资源、强化审美教育功能的过程。就在这个普及、开发和强化的过程中,高校形成了开展审美教育的自觉意识,提高了开展审美教育活动的技巧,显示出明显的教育效果。

2.将审美活动机制引入教育活动过程和办学机制中

当人们强调高校审美教育的功能时,总是着眼于这种教育对大学生的影响。审美活动可以深刻地影响大学生的精神世界,并且可以直接深入地影响着大学生的素质结构,这是公认的事实;把审美活动引进"学校教育"这种有目的、有组织、有计划的培养活动中,通过教师的专业性行为,可以使审美活动对教育对象产生最优化的影响,这也是公认的事实。但是,人们往往忽视了另外一个事实,那就是审美活动对教育自身的影响。当然,像审美活动对教育内容、教育活动形式、教育环境等方面的影响属于外在形式的表层现象,人们也不是没有注意到,而类似审美活动机制这些隐藏在表象之下的深层现象,它们对教育机制的影响,显然,就容易被人们忽视了。事实上,在目前,人们还较少讨论和研究审美活动机制对教育活动机制的影响。因此,我们在认识审美教育的功能时只强调它对学生发展的影响是不全面的,起码是不足够的。只有既强调审美教育对学生发展的影响,同时也足够重视审美活动对教育自身的影响时,我们才能充分发挥审美教育的全部功能。

功能结构模式的另一个鲜明特征,就是把审美活动机制引进教育活动过程和办学机制之中。这就要求高校正视师生间普遍存在的消极的精神状态,在开展审美教育活动时,首先,引导教师对自己的学生、工作重新进行一番彻底的审美认识,赋予自己的学生和工作以美学意义,从而形成一种新的人才观、学生观和成就观,初步改变教师的工作状态。其次,把教育、教学过程中教师与学生的关系、学生与学习内容之间的关系,换以一种审美活动中审美主体与审美客体之间的互动关系来进行分析和研究,以审美主体、客体的互动关系来改善教学关系;把审美活动中审美主体主动、积极的审美追求精神引进教师和学生的教学活动中,把审美创造活动当作开发学生学习潜能的桥梁,由此调动了学生的主观能动性,释放出师生们极大的活力。这样的审美教育,不但对教育对象产生了深刻的影响,同时也对教师产生了深刻的影响。审美教育的功能,就在这种教师与教育对象的双向交互影响中得到了充分的发挥。

3. 有利于实现高校教育各个组成部分审美教育功能的最佳组合

审美教育的功能结构模式强调的是功能的充分发挥,而一个工作系统能否处于最佳的功能状态,直接取决于工作系统的各个组成部分是否处于最佳组合的结构状态中。因此,基于功能结构模式的审美教育,为了追求最佳的功能状态,就必然要使学校教育的各个组成部分进入一种最佳组合的结构状态中。这种对工作系统结构最佳组合的追求,也就是我们常说的"整体改革"。可以这样说,运用功能结构模式进行审美教育的高校,必然也是同时进行整体改革的学校。

纵观上述所论的三种审美教育模式,我们可以看到这样一条线索:目标结构模式使审美教育成为高校教育的一个有机组成部分,保证了高校教育的全面性;素质结构模式使高校的审美教育在宏观的教育目标、微观的个体素质结构和具体的教育过程、教育行为之间建立起一种内在的有机联系,保证了审美教育在具体教育实践中的地位;功能结构模式使高校的审美教育更加注意追求一种最佳的功能状态,推动了高校教育的整体改革,保证了审美教育活动的现实效益。这就构成了高校美育从无到有、从虚到实、从局部到整体的发展过程。

第三章 高校美育的主要途径

所谓途径,是指通向某一目标的渠道或路径。教育途径就是促进学生获得发展的渠道。从教师的角度而言,教育途径是教师施加教育影响于学生的渠道;从学生角度而言,教育途径是学生获得发展的渠道。

当代高校美育的途径,是指教师为了达到一定的教育目标,采用一定的教育方法,对大学生实施审美教育时所选择和采用的渠道或路径,它是实现高校审美教育目标、落实审美教育内容的组织形式,是教师开展审美教育活动的载体。由于影响当代大学生审美素质形成的客观条件具有复杂性,高校美育的途径和形式必然是多样化的。

第一节 高校美育途径的选择原则与分类

一、当代高校美育途径选择的原则

当代高校美育的途径是丰富多彩的,若没有途径,其目标、内容都无所附着。在具体实施中,有一个选择与确定途径的过程,一般应遵循以下原则。

(一)针对性原则

坚持"贴近实际,贴近学生,贴近生活"的针对性原则,是从实际出发,具体问题具体分析的体现,是发挥教育客体的主体性的有效手段,既是一种科学的治学态度,也是一种富有成效的教育方法。每所高校、每个专业、每个学生都有其特殊性,这些特殊性要求教师在选择审美教育途径时要有针对性,具体体现在以下几点。

一是对于学生所存在审美认识问题的针对性。教师要充分把握学生感兴趣的热点、疑点与难点问题,把握他们审美认识上的误区、模糊区或空白区,根据学生审美心理发展的具体情况选择合适的教育途径,即"对症下药"。

二是对于学生审美个性特点的针对性。每个学生的性格与思维方式都有其自身的特点,适合某个学生的审美教育途径对另一个学生而言就不一定恰当。因此,教师应根据学生本身的特殊性有的放矢地创设环境、选择途径,即"因材施教",如此才能达到较好的效果。

三是对于不同教育内容的针对性。实践证明,对于不同的教育内容,选择不同的教育途径,有利于提高审美教育的实效性。

所以,坚持针对性原则不仅是对审美教育的内容与方法而言,对于途径的选择也同样重要。

(二)可持续性原则

审美教育的途径不是一成不变的,而是随着时代的发展而发展,随着学生的变化而变化的。例如,从艺术课堂教育到艺术实践教育,从单一的灌输渠道到课堂、学科渗透和隐性环节,就是一个不断发展的可持续过程。由此可见,无论是审美教育整个途径,还是某条具体的教育途径,都是处于变化运动之中,是不断向前发展的。对此,教师要有清醒的认识,在确定审美教育途径时,应该要有这种发展的可持续性意识,重视与研究发展的趋势,以适应时代的发展,获得最佳教育效果。

(三)优化组合原则

高校美育的内容非常丰富,途径也是多方面、多层次、多角度的,在实施教育过程中,每一条途径都是从一定的方面、一定的层次、一定的角度上与具体的学生发生着内在的或外在的联系,形成了一个错综复杂的独特的系统。教师在选择审美教育途径时要坚持合乎规律的优化组合原则,因为对于不同的学生而言,不能断定哪种教育途径就一定是最合适的,进行复杂的审美教育也不是一两条途径就可以达到目标的,教师需要根据实际情况和具体的教育内容,选择合适的教育途径并进行优化整合,使各途径既能发挥各自的独特功能,又能分工合作,形成合力,以起到教育影响一致性的作用,建立全员育人和全过程育人的审美教育新格局。

比如,学校、社会与家庭是审美教育的三大途径,但它们之间不是互相割裂的,而是需要进行优化组合,某一阶段或某一内容的审美教育以某一种途径为主。也就是说,要把各种途径整合成一个协调的、和谐的整体,这样才能使审美教育的整体运作具有适应性与和谐性,更符合客观规律。

二、当代高校美育途径的分类

为了研究各种不同的教育途径的特点与效果,出现了对审美教育途径分类的研究,即根据各种审美教育途径的共同特点和不同特征,找出它们之间的联系与区别,分别进行归类,以提高选择教育途径的自觉性和有效性。

按照途径形态来分,教育途径分为显性教育途径与隐性教育途径,或称为静态教育途径与动态教育途径等。

按照途径的实施过程来分,教育途径分为认识性教育途径和实践性教育途径,或称为课程类教育途径与非课程类教育途径。

各种分类都有其特色与道理,很难评价其优劣,关键是要根据实际情况优化组合,选择最佳途径。就审美教育的整体实施过程而言,审美教育途径主要分为两大类:正规课程教育途径(也称为显性教育途径)和非正规课程教育途径(也称为隐性教育途径),这两类内部又有多种途径的组合。

第二节　高校美育的显性教育途径

一、显性课程的概念和特点

正规课程体系通常指在学校中有相对固定的教材、课时和教师的教育渠道,包括专门的审美教育理论课程(公共艺术教育)、其他学科教学课程和实践类课程,是审美教育主要的教育途径。

在课程实施过程中,首先要明确,审美教育课程具有与其他学科不同的特点。一是在教育目标方面,审美教育课程教学的组织保障为基础,以课堂教学为核心,以课外文化艺术活动为辅助,以提高学生的审美能力与创美能力为目标。从理论上讲,这是一个有着丰富内涵与外延、目的明确、脉络清晰的组织系统,也只有把艺术教育各方面的工作纳入这个统一的整体系统之中,使之在一个大的背景下展开并相互协调,才能取得理想的教育效果。二是在对学习主体的尊重方面具,审美教育课程具有其他学科无法相比的高度。审美教育要能走进学生的心灵,就必须以学生为本,考虑到学生的内在需要,提高学生内心的参与程度。如果没有对学生的充分了解与尊重,就不能取得应有的效果。三是教育内容和学习活动的计划与安排,既要考虑认知的因素,更要通过情感、行动的体验去实现。

所以审美教育并非仅靠直接的讲授就能奏效,而应通过更多的学习方式和途径,需要正规的显性课程和非正规的隐性课程、综合课程、实践课程等多管齐下才能奏效。

二、显性教育途径之一:公共艺术教育课程

从当代审美教育发展的状况看,实施审美教育的手段与方法虽然非常多,但从可操作性、普遍性、教育效果等诸方面来看,公共艺术教育是实施审美教育的基本方式和根本形式。作为高校美育的公共艺术教育的目的是通过培养大学生的审美感知力、审美想象力和审美创造力,提高学生的道德、情感与人格修养,启迪学生智慧,消除学生因追求现实功利所产生的焦虑、烦恼、痛苦,进而超越极端功利心态,培养旷达的审美人生态度,使学生体验到现实生活处处存在的美,实现艺术的生活化和生活的艺术化,让学生成为人格健全的人,从而进入"诗意的栖居"的生存之境。审美教育的范围和内容比较广泛,不易在教育实践中进行规范的操作,而公共艺术教育作为审美教育的集中体现,具有操作性强的特点,因此成为实施审美教育最理想的途径。公共艺术教育作为艺术家美感的物化形态,是美的集中体现,而且公共艺术教育在实际操作中克服了一般审美教育的空泛,它有相对明确的内容、方法、目的等。所以,公共艺术教育是审美教育的集中体现,是实施审美教育的有效切入点。

作为审美教育最基本的实施手段,公共艺术审美教育应当是一个综

合性的大系统,它分为非学校艺术教育和学校艺术教育,二者在教育的内容、方式上尽管有很大的差异,但却是相互联系、密不可分的整体,它们的目的是相同的,即把学生培养成具有较高人文艺术修养的、具有健全人格的、有益于社会的人才。其中,学校艺术教育课程就是我们所说的审美教育的正规课程体系,即显性教育。与非学校艺术教育相比,学校艺术教育有极强的实践性和可操作性,在教育实践中容易取得明显效果,并且容易进行理论研究和把握,所以现在教育界给予了充分重视。

作为当代高校美育的学校公共艺术教育,具体是指对高校非艺术专业学生所进行的公共艺术教育,它属于学校人文素质教育的一个基本组成部分。艺术教育包括两个方面的基本内容:一是艺术理论与知识,使学生了解和掌握各门类艺术的基本理论和艺术史知识,培养和提高学生的艺术鉴赏力;二是艺术技巧,比如绘画、音乐、舞蹈技能,使学生在校期间能够掌握和操作一至两种艺术形式的创作或表演。切实有效的公共艺术教育不仅有助于培养和增强大学生的艺术兴趣,使他们有更高的热情、更多的机会参与艺术活动,而且把学生从自发的艺术爱好者、欣赏者提升为自觉的艺术活动的参与者和艺术鉴赏者。这个"自发"到"自觉"的转化过程不仅能使学生对艺术活动的关系(态度)产生从被动到主动、从观赏到创作的变化,而且能把艺术活动从单纯的娱乐活动深化为培养、塑造大学生的艺术品格的素质教育行为,这才是审美教育的真正目的。

通过多年审美教育实践的探索,人们普遍认识到公共艺术教育在现代教育结构中具有重要的地位,对人才培养有着不可替代的意义与作用。所以,当前高校应认真研究如何提高大学生公共艺术教育课程的教育质量,使公共艺术教育课真正起到教育主渠道作用。普通高校公共艺术教育若要顺利开展,具体来说,应做到以下几个方面。

(一)切实加强管理,保证公共艺术教育的顺利开展

要保障高校公共艺术教育的顺利开展,一定要明确谁来抓、谁来组织与实施的问题,责任一定要明确。要用长远的眼光看待审美教育的效益,必须加快理顺审美教育管理体制,做到长远规划。省市级教育行政部门要进一步加强对本地区高校公共艺术教育课程的指导,切实把公共艺术

教育工作列入本地区教育改革和发展规划之中。教育行政主管部门应设专门机构,并配备专职干部负责高校公共艺术教育的管理工作。各高校也要有校领导分管公共艺术教育工作,这一点非常重要;同时,将公共艺术教育的教学工作纳入学校日常教学工作与管理当中,并在资金、设备、教室等方面给予支持,这一点也是非常重要的,只有这样,公共艺术教育才能成为正常的教学活动。

需要特别指出的是,有的高校把公共艺术教研室置于学校团委、工会或其他部门的领导之下,这是对公共艺术教育理解的错位,因为实施公共艺术教育的根本方式是课堂教学,而团委等其他单位组织的校园文化艺术活动只是艺术教育的辅助,属于隐性教育,它显然没有足够的能力与职能把课堂教学组织好。

(二)转变传统观念,明确教学的指导思想

在高校公共艺术课教学指导思想方面,一定要与专业艺术教育相区别,要抓住审美教育、艺术教育的自身特点与客观规律。高校的公共艺术教育以培养学生的审美感知能力与审美感悟能力、提高学生的艺术修养与人文素质为根本宗旨,与那种以训练艺术技能为主要目标的专业艺术教育根本不同。对此,许多专家也都有明确论述,例如"审美教育的目的绝不是单纯地培养某种审美的技巧、艺术的技能,而是培养审美的人生观,亦即培养'生活的艺术家',自觉地以审美的态度对待人类,对待社会、自然、人生与自我。审美教育是通过审美感受力与欣赏美、创造美的能力的培养,进而培养一种健康高尚的审美情感,由此塑造和谐协调的人格,确立和谐协调的审美的世界观、人生观"[①]。其实,这个问题早在公共艺术教育开始之初大家就注意到了,但是问题的解决却不是易事,只有当作为审美教育的公共艺术教育在组织保障、教学理念、教学内容、教学方法、师资队伍、组织方式等方面形成自己的特点,即学科意识与学科特点非常明确,并取得明显的实践成果时,才算真正解决远。总之,要解决公共艺术教育的指导思想问题,就要正本清源。从根本上了解审美教育的归宿

---

① 曾繁仁.美学之思[M].济南:山东大学出版社,2003.

与出发点、理解艺术和美的本质与存在形式乃是关乎高校审美教育发展的根本问题。

(三)明确培养目标,构建合理的公共艺术课的教学内容

高校的公共艺术教育虽然已进行了几十年,但在课堂教学内容方面,仍然有进一步探讨的必要。有人认为公共艺术教育包括艺术知识教育、艺术技能教育和艺术精神教育。有人认为公共艺术教育有三方面的内容:一是艺术创作的教育;二是艺术欣赏的教育;三是艺术知识的教育。也有人认为,公共艺术教育应包括四大要素:美学、艺术制作(设计)、艺术欣赏、艺术批评。现代高校公共艺术教育授课内容一般分为三大类:一是理论型欣赏课,如基础乐理、音乐欣赏基础、中国画技法及基础训练、戏曲赏析等,这是面向大多数学生的普及性限选课;二是实践型技巧课,这属于面向少数学生的任选课,主要是对音乐、美术、舞蹈等艺术技能的学习,如音乐方面就有合唱团与音乐演唱、西洋打击乐、笛子等,美术方面则有素描基础、速写、彩画基础、雕塑基础、陶艺等;三是合作型排练课或艺术实践课,属于双向选择的任选课,如美术社、书画社等,是面向艺术社团的指导性技能实践课,由专业教师以课堂教学的形式对学生进行辅导。

各种不同观点的存在,表现了这个问题受关注的程度是非常高的,说明课堂教学的确是实现公共艺术教育的重要环节,是操作性非常强的审美教育手段。综合上述观点可以看出,课堂艺术教育的内容应该多元化,既包括艺术技能的传授,也包括审美感受力的培养和美学精神的塑造;同时,课堂艺术教育也应该具有不同的层次,照顾到不同兴趣爱好、不同水平的学生,做到因材施教,只有这样,审美教育的目标才能很好地实现。

课堂教学的内容与两个基本问题密切联系:一是教学目的,二是学生的基础。公共艺术课的教学目的是提高学生的人文艺术修养,培养自由和谐的全面发展的人,而不是培养技能型艺术人才,所以,课堂教学显然不能以技能为主。但是艺术技能又与艺术修养特别是审美能力密切相关,因而也不能完全排除技能教育,而是应与专业教育的技能教学相区别,将技能教学当作实施审美教育的手段,在技能修习中达到提高学生艺术修养与审美能力的目的。而从学生的接受能力看,目前高校大部分学

生的艺术基础都比较差,因此在课堂教学中要注意从学生的实际出发,从基础做起,同时也要看到高校的学生都是成人,理解能力比较强,教学要有一定深度,对相关的理论内容也要给予重视。曾繁仁教授认为,在目前条件下,高校公共艺术教育应当以艺术与美的基本知识、基本理论为基础,以艺术欣赏为主要手段,以艺术创造力为艺术教育的最高形态,三个部分密切联系,从而建构起一个科学合理的课堂教学体系。

(四)组织科学合理的课程教学方式

公共艺术课的教学组织也很重要,目前高校中该课程的开设方式主要有两种:必修课和选修课。

必修课是指学生必须学习的课程,这类课程应当是所有学生都需要学习的课程。公共艺术必修课的意义在于能够保证每个在校学生都可受到艺术教育。

除必修课外,还应大量开设选修课以供不同层次的学生选修。实践证明,选修课在高校公共艺术教育中发挥着重要的作用,应当给予充分重视。这是因为普通高校的学生都来自不同地区,而各地区开展艺术教育的情况相差很大,所以大学生的艺术基础必然存在着很大的差异,如一部分学生有一定的艺术基础,有一些学生对艺术接触较多,而更多的学生则对艺术比较生疏;再者,学生对艺术的兴趣也有很大差异,如有人喜欢国画、有人喜欢油画,有人爱好民乐、有人爱好西方音乐,有人喜欢经典艺术、有人喜欢通俗艺术,等等。面对类似情况,高校公共艺术教育不能搞一刀切,而应根据学生的实际情况进行。高校可开设不同层次、不同内容的选修课,以便使学生根据自己的情况选修。选修课是各高校普遍采用的一种教学方式,是实践证明成功了的教学方式。此外,教师在组织教学时,应充分利用社会中的各种文化艺术资源进行教学。随着社会的发展,这种资源越来越多,如博物馆、展览馆、音乐会、风景名胜等都可以用来进行教学。

(五)充分应用现代教学技术,实现多种教学方法的优化配置

一是要针对学生的特点以及不同的课程,将课堂讲授、课堂讨论、专题辅导、讲座以及实践等多种教学方式有机结合,使其发挥整体效应和综

合教育功能。二是要充分运用现代化教学手段,将教学内容以丰富多彩、生动活泼的形式传递给学生,给学生带来鲜明清晰的视觉印象和冲击力,达到传统教育方法所无法取得的效果。

除一般的教学方法外,公共艺术教育课堂教学的方法还有其自身的特点,如参与性、交流性、实践性、创造性等。教学方法是由教学目的与教学内容等因素所决定的,艺术教育的课堂教学不能像一般人文课的教学那样搞满堂灌,也不可能像专业艺术教学那样以艺术实践为主,而是应当以学生的兴趣为基础,重在调动学生的参与性与积极性,培养学生的创造性,充分体现出以学生为主体组织教学的教育理念。教师在课堂上应起一种引导性、启发性的作用,目的在于把学生引入艺术世界,让学生走进物我合一的艺术境界,因为艺术作品的存在方式之一就是欣赏主体对它积极主动地接受。教师与学生、学生与学生应当在课堂上对艺术作品的理解与感受进行交流,教师在这种交流中要起一种组织和引导的作用,而不要扮演权威角色,因为在对艺术的理解与解释中,不存在什么权威,也没有什么标准答案,每个人都会因不同的生活阅历、主体素质等而对同一艺术产生不同的理解,而审美教育的教学就是认同并培养这种个体差异,使每个人的天性得到自由发展。另外,教师要重视开展教学实践活动。实践性、操作性是艺术的基本存在方式,只有对艺术的操作性有所体验,学生对艺术的理解才能深入,所以要尽可能地进行一些艺术实践教学。

课堂教学还要贯穿一个中心思想:培养学生的创新意识。现代社会的发展越来越快,创新是当代社会面临的重大问题,是人才综合素质的重要组成部分。由于长期接受以知识为主的教育,现代人的思维呈现出一种偏重逻辑思维、单向思维的特征,思维一旦产生误差,沿着原来的逻辑思维方向就会无法继续进行推理。与其他课程相比,艺术课凭借其新颖性、独创性更易于对学生进行创新思维的培养。教师在设计课堂教学时,应充分体现出艺术所具有的创新性特点。

(六)编写适合不同层次学生的公共艺术教育教材

为了真正体现公共艺术教育的理念与要求,公共艺术教育教材的编写要注意以下几个问题。

第一，要注意与专业艺术教育的教材相区分，重在体现人文性与综合性，不能过多地强调技术；重在基本理论与基本知识的普及，不要强调专业性的高度与难度。如艺术欣赏类教材，在分析作品时，应注意分析作品的历史文化背景、作品与当时的哲学思潮及美学思潮的关系、作品与其他艺术思潮的关系等；在分析艺术家时，应注意分析艺术家的艺术思想、个人经历、品质与修养等。这样，就能把艺术作品所涉及的文化信息进行全面分析，艺术作品就成为大学生提高审美素养的渠道。

第二，注意高雅艺术与通俗艺术、经典艺术与流行艺术的关系。在现代社会，通俗艺术与流行艺术大量存在。大多数通俗艺术是以市场化的方式传播，所以流传开来的通俗艺术往往具有广泛的受众，具有很强的吸引力。通俗艺术对学生的影响更是不可低估的，在一般情况下，学生对这种艺术的了解多于经典艺术。由于通俗艺术本身又是良莠不齐的，因此，高校公共艺术教育一定要教会学生如何发掘通俗艺术的美。这样，等学生将来走上社会以后，不但能够欣赏优秀的通俗艺术作品，也能够避免不良艺术的影响。

第三，注意国外艺术与民族艺术的关系。高校公共艺术教育应有国际视野，应把人类优秀的艺术作为教育资源，所以高校公共艺术教育教材应包括国外艺术的内容。但在介绍外国艺术时，要避免"西方中心主义"倾向。同时，也要重视中国优秀的文化艺术传统，重视对民族艺术的学习和研究。中华优秀传统文化和民族艺术有着丰富的思想内涵和广阔的审美视野，有极高的审美价值，因此要把二者紧密结合起来。

（七）全面提高教师的素质

在公共艺术教育教学中，无论是设计、实施教学，把握学生审美观念，选择恰当的教学方法，还是调动学生学习的积极性、主动性和教学目标的实现，都有赖于教师主导作用的发挥，取决于教师自身素质的高低。从事审美教育与普通公共艺术教育的教师应具有以下基本素质。

（1）在专业方面，要具有艺术专业本科水平，熟练掌握相关专业的艺术技能以及基本知识、基本理论。

（2）在专业结构上，要有系统并扎实的艺术理论知识，如美术史、音乐史、文学史、电影史等；要有极强的艺术鉴赏力，要一专多能，如油画专业出身的教师要懂国画、雕塑、建筑等，声乐出身的教师要懂器乐，甚至音乐教师要懂一点美术，美术教师要懂一点音乐。

（3）要有较高的人文素养。高校公共艺术教育的最终目的就是提高学生的人文素质，因此，教师的人文素质一定要高。教师的人文修养主要表现在具有高雅的生活情趣与追求、高尚的道德操守以及脱俗的精神气质等。

（4）从事高校公共艺术教育的教师还要具备一定的组织能力。艺术教育有很强的实践性，课堂教学离不开艺术实践，所以组织能力也是教师必须具备的素质。

（八）创新公共艺术教育的考核、评价体系

而在课程的考核、评价方面，应充分考虑公共艺术教育的人文学科特点，避免机械照搬自然科学和社会科学有关学科的考核办法。在有关课程的知识、能力和素养各要素的考评之中，应将重点放到能力和素养方面。在考核的方式上，尽量改变集中性考试方式，以综合考核为主。一定要在考核方面改变应试教育模式，贯彻素质教育精神，这样，才能引导审美教育走上健康发展的道路。

总之，作为实施当代高校美育主要手段的公共艺术教育在稳步地发展着。在实施过程中，我们一定要注意高校公共艺术教育以提高学生的艺术修养、审美素养与人文修养为目的，不同于培养专门艺术人才的专业艺术教育；在教育理念、教学目的、教学内容、教学方法、师资与教材、组织与管理、后勤保障等理论与实践方面都应有自身的特征。

三、显性教育途径之二:课外艺术文化活动

除课堂教学外，课外文化艺术活动作为公共艺术教育的第二课堂，在大学生艺术教育中也发挥着重要作用，其内容包括学术讲座、各种艺术演

出及展览等。学术讲座作为公共艺术教育的方式之一,它可以开阔学生的视野,能让学生了解最前沿的问题与信息,在公共艺术教育中发挥着不可替代的作用。学校应创造条件,聘请著名的艺术家、艺术理论家来学校举办学术讲座。这种活动应当定期、有计划地进行,绝对不是可有可无的。校园艺术演出、比赛、展览等课外活动是一般学校都有的,但在审美教育的大视野中,这种活动就具有审美教育的性质,它既能展示课堂艺术教学成果,又是课堂教学的延伸,应当按照公共艺术教育的理念来组织。

首先,学校应成立各种层次、各种类别的艺术社团,并鼓励学生自发地成立并参加艺术活动小组,争取使每个学生至少能参加一个小组。

其次,在艺术活动的目的与组织方式上,必须区别于传统的文艺汇演或艺术比赛。审美教育视野中的课外艺术活动,其举办目的不是选出优秀的艺术生或优秀节目,而是使大多数学生都能参加艺术活动,使学生从艺术的欣赏者成为艺术表现者,成为艺术活动的主体,这一点对公共艺术教育是非常重要的。

从整体上看,校园艺术活动应当是多层次的,高校应当组织高水平的艺术活动,甚至可以邀请专业艺术团体来学校演出,这种活动易于操作,但不能使艺术活动走向深入,要使之成为大多数学生都能参与的事情。最重要的是,要使多数学生都有机会参与艺术活动,学生可以根据自己的特长与爱好,参加由学校或院系组织的艺术活动,更要自己组织艺术活动,这是高校审美教育所应充分重视的。

所以说广泛性和参与性应该是大学生艺术社团的基本定位,学校应当十分注意建设和利用这种平台进行有效的审美教育。这是因为,在美育教育理论看来,主动参与和被动欣赏具有本质差异,美是创造性的,而创造意味着参与,参与性是艺术的本质,艺术本是操作性的,操作是艺术存在的方式。只有在上手的操作中,学生才能走向艺术王国的深处,真正领会美与艺术的精神,高校审美教育才能由被动的欣赏走向主动的创造,从而走向其高级形态。

第三节　高校美育的隐性教育途径

一、隐性课程的概念和特征

隐性课程主要是指非正规课程体系。隐性课程的概念发端于美国教育家杜威的课程概念。他把学生在学校中的整体学习分成三部分：①主学习（又叫直接学习），指通过正规课程的学习直接获得知识和技能；②副学习（又叫相关学习），指由主学习而联想到有关知识和技能；③附学习（又叫间接学习），指比较概括的理想、态度及道德习惯的学习，这些学习是被逐渐习得的，一经习得将被持久保持，影响人的终生。关于隐性课程（又称潜课程）的概念界定，不同的研究者有不同的看法。一般认为，隐性课程是指这样一些教育实践及成果，它们在学校政策、课程计划上没有明确规定，然而又是学校经验中常规的、有效的一部分。我国学者把隐性课程概括地界定为学校环境中以间接的、内隐的方式呈现的课程。事实上，它是一种具有广泛内涵的，可以对学生产生重要影响的环境信息，主要由学校和班级生活中由学校所传递的未加明确的规范、价值观、信念和行为方式，以及学校和班级中长期形成的制度和非制度的文化因素组成。它广泛存在于学校的各个组织之中，融合于学校的整体文化之中。

与显性课程相比，隐性课程有以下几个明显的特征。

一是在方式上具有潜隐性。隐性课程是一种潜存于班级、学校中的隐含性、自然性的东西，基本以间接的、内隐的方式出现，是一种学生在心理上并未察觉的无意识教育。它与显性课程的根本区别在于教育过程的隐蔽性。在隐性教育的实施过程中，教师并非滔滔不绝地灌输道理，也并非引经据典地直率劝导，而是将教育的目的和意向隐藏到学生学习、生活和各种活动之中，以含而不露的方式，引导学生自然融于教师创设的教育情境中，使其在非目的性、无意识的情况下，在不知不觉中受到熏陶。

二是在计划与目标上具有不明确性。隐性教育往往是非计划的教育活动,也没有明确的课程目标,但它在培养学生的品德、情感、理想信仰、价值观等方面却起着十分重要的作用。

三是在内容上具有全方位性。隐性课程体现的往往不是知识性的、学术性的问题,更多的是对学生的价值、情感、意志等方面的影响,或者说,本质上是一种价值性的影响,而且教育的目的和内容并不像显性教育那样直接和外显。比如,在隐性审美教育实施的过程中,教师利用弥散于大学生生活之中的审美教育资源,把教育的预定意向、目的巧妙地隐藏其中,使这些方方面面的隐性教育资源通过不同的方式、不同的角度、不同的途径、不同的层次对大学生施加全面的、综合的影响,从而使审美教育全方位、多层次地进行。

四是在教育过程上具有自主性。隐性课程是一种以学生为主体的自主性教育,学生没有意识到自己处于被教育的地位。比如在隐性审美教育中,由于教育的目的和内容是以一种隐含的暗示的方式呈现出来的,这就避免了直接的、明显的、外部强加的意图使大学生产生逆反心理和对抗情绪。同时,教育角色意识的淡化使大学生感到自己不再是被动地教育客体,而是自愿、自主的主体,参与哪种特定的活动、如何参与都由学生自行决定。这就把大学生从一个被动的受教育者变成了一个主动的受教育者。

五是在模式上具有超时空性。隐性课程是一种跨越时空的非封闭式的全方位教育。它不像"审美教育课程论"教育,主要通过面对面的课程,以严肃的、自上而下的教学方式对大学生施加直接的影响,而是打破了传统的时间与地点固定的封闭式教育模式的限制,利用潜存于校园中的教育资源,使教育存在于大学生整个校园生活。

六是在效果上的累积性。由于隐性课程是一种潜移默化的教育与影响,所以它的影响虽不是立竿见影的,但具有累积性、迟效性和稳定性,最终影响到学生"文化心理层"的某些方面,即一些非智力因素,包括情感、态度、道德品质、价值观念、人格健康等。

隐性课程的上述特点,使隐性课程具有显性课程所不具备的优势,具有不可低估的育人效果。

首先,隐性教育与社会及高校发展的现实相适应。现代社会的迅速发展,使审美教育所面对的社会环境,所依存的政治、经济、文化等各种背景都发生了复杂而深刻的变化。反映在大学生身上,就是审美活动的独立性、选择性和多变性特征的增强,当代大学生的审美观念也呈现出复杂多样的特征。传统的显性审美教育途径在许多方面鞭长莫及,难以独立完成审美教育的使命,这必然要求审美教育开辟新的途径。而隐性审美教育具有"随风潜入夜,润物细无声"式的独特作用,以隐蔽的方式来应付复杂的环境,在无形中化解许多审美问题,大大提高了审美教育的有效性,体现了社会环境与高校教育的变化发展对审美教育的客观要求。

其次,隐性教育与大学生的审美接受方式及审美发展需求相适应。大学生的成长经历和生活背景,使他们的审美接受方式呈现出独有的特点:他们独立自主地判断和取舍的意识极大增强,喜欢独立思考,不再满足于简单地接受现成的观点和理论,热切盼望能够主动探讨他们所关心的审美问题,希望通过自己的感受、体会去寻求世界观、人生观、价值观方面的答案。他们比较厌恶和排斥单一的理论、单一的灌输,只有真正从心底里认可时才会心悦诚服。这也正是传统的灌输教育使他们产生强烈的逆反心理和对抗情绪的原因所在。大学生迫切需要与他们变化了的审美接受方式和审美需求相适应的教育方式,而隐性教育恰恰适应了大学生审美接受方式的新要求。隐性教育创造了一种宽松、自由、愉快的氛围,使大学生在接受审美教育的过程中成为一个平等、独立、自主的个体,淡化了他们的被教育者的角色意识,满足了他们渴望成为教育主体的愿望,这就激发了他们的参与意识,有效地消除了他们的逆反心理。

最后,隐性教育主要通过学生的态度体验和情感体验来促进其情感、信念、价值观等非认知心理成分的发展,从而达到非认知心理结构的完善,进而对学生的审美心理层次产生影响。因此,隐性教育在提高学生的审美素质中有着不可替代的功能。如此种种告诉我们,在高校审美教育中重视非正规课程体系——隐性教育,是当前提高学生审美教育实效性的必然选择。高校应当在重视正式课程的同时重视隐性课程的开发和建设,让学生接受全面的教育,使他们的个性得到和谐的发展,审美素质得到全面的提高。

二、隐性教育的主要途径:校园文化环境建设

校园文化环境是当代大学生隐性审美教育实施的主要途径,其隐性育人功能不可低估。高校校园文化环境属于社会主体文化的亚文化,是指附着于学校这个载体,并通过学校来反映和传播的各种文化现象,它反映和包含了学校的历史传统、校风校纪、校园环境、学术水平、校容校貌、教学和管理制度、全校师生普遍遵循和认同的价值观念和行为准则等,是高校师生在特定环境中创造的一种与社会和时代密切相关,具有校园特色的人文氛围、校园精神和生活环境,也是文化在校园范围内的具体表现和反映。校园文化与审美教育有共同的培养任务和目标。校园文化主要以学生掌握知识、培养个性、健全人格、陶冶情操和发展能力为中心任务,而审美教育是要学生按照美的规律进行欣赏和创造,让他们对于美好事物的感觉逐渐丰富完善起来,通过审美实践陶冶情操、美化心灵、丰富精神生活,使他们的素质得到全面发展。校园文化环境和审美教育任务的共同性,决定了二者结合的可能性,使校园文化的审美教育功能成为现实。

(一)校园文化环境的审美教育功能

高校校园文化环境的审美教育功能,主要是指校园文化通过文化活动、物质和精神环境及其所营造的文化氛围能陶冶学生的情操,净化他们的心灵,让他们受到美的教育,培养他们形成健全的审美心理结构,从而实现完美的人格和灵魂的塑造,促进学生的全面发展。校园文化环境审

美化是一种无形的环境力量,它通过一种氛围的营造,对学生进行潜在的、隐性的教育,在不知不觉中内化为学生的道德、情感、意志和行为,具有显著的春风化雨的审美教育功能。这种独特的感染和陶冶作用是课堂教学所不能替代的,而且这种功能具有全方位的效应,主要表现在以下几个方面。

1.审美导向功能

教育与引导功能是高校校园文化环境审美化的核心功能。所谓审美导向功能,是指校园文化环境审美化对学生的学习、成长和进步具有一种方向明确的引导作用。审美教育充分体现着美学的人文精神,以对于人生真谛的思索、追踪和破解为使命,表现出对人类命运的终极关怀、对存在价值的不断追问、对生命意义的最高阐释,因而校园文化的审美化必然对大学生的进步提供有力的人文导向。校园文化环境是一个开放的系统,各种各样的思想、理论、观念、思潮在这里汇聚和碰撞,它既能使莘莘学子耳目一新,又能使校园文化环境的多元化趋势成为社会转型的必然结果。然而任由多元化的校园文化自由发展是不可取的,高校在顺应校园文化环境多元化趋势的同时,必须注重建设主导文化。校园文化环境审美化就是要帮助学生确立代表先进文化前进方向的社会主义主导价值观、审美观,发挥其导向功能,把学生的文化认同、道德情感、价值观念导向以真善美为核心内涵的价值范畴之中,最终达到"按照美的规律来建造"这一马克思主义的审美境界。

2.审美凝聚作用

具有审美价值的校园文化环境是师生共同创造和拥有的文化,是学校主要群体的一种审美价值观念和校园精神,而这种主体的思想意识和审美价值观念存在于学校的各个方面、各个环节。正是这种共同的校园审美文化氛围的长期熏陶、感染,培养了大学生新的学校群体意识、新的文化认同意识、新的归属意识。随着这种群体观念的逐步形成,大学生会用这种群体的利益、群体的行为准则来约束、规范自己的一言一行、一举一动,就会形成巨大的向心力和无形的凝聚力,从各方面把大家团结起来,从而树立起一种学校群体共同追求的审美价值取向和精神风貌。在校园文化环境建设中,高校正是通过形式多样、生动活泼、学生喜闻乐见的校园审美文化活动,沟通了大学生的思想感情,融合了他们的理想、信念和情操,培养和激发了他们的群体意识和团队精神,以达到"内求团结,外求发展"的目的。同时,通过底蕴深厚、健康向上、丰富多彩的校园审美文化,将大学生的兴趣爱好、青春活力集中于人格的完善、学业的完成和素质的提高上,使学生产生对集体的向心力,愿意和学校"同呼吸,共命运",从而减少了不良文化的影响和不良行为的发生,对创建和谐校园具有突出的作用。

3.审美陶冶功能

审美教育是一种潜移默化的过程,校园文化环境的审美功能不在于使学生获得现成的知识,而是通过一种氛围的营造,使生活于其中的学生,通过对美的感受、文化价值的摄取、人生意蕴的体验,在潜移默化的影响和感染下,培养审美爱好,提高审美情趣,进而陶冶情操,规范行为,指导人生。所以说,校园文化环境的陶冶作用是一种无形的环境力量,对学生进行着潜在的、隐性的教育,在不知不觉中内化为学生的道德认识、道德情感、道德意志和道德行为。墨子说:"染于苍则苍,染于黄则黄。"在一个饱含着科学精神、民主传统、优良风气和深厚人文底蕴的校园审美文化环境中,学生的身心会受到熏陶和影响,能力和素质会得到培养和提高。

4.审美意识的培养功能

雕塑家罗丹说过:"美是到处都有的,对于我们的眼睛,不是缺少美,而是缺少发现。"现实生活中有丰富多彩的美,问题就在于我们能否发现它、感受它。而善于发现、感受美的能力,并不是与生俱来的,它需要在后天的审美实践中不断地得到锻炼。校园文化环境以其内容的丰富性、生动性、艺术性和创造性吸引着广大学生,从而引导他们提高审美能力,完善美感心理构成。通过校园文化环境引导学生树立正确的审美观,这是校园审美功能的重要内容。审美观是世界观、人生观的重要组成部分,是关于美、美感、美的创造等问题的基本观点,是从审美角度对客观事物做出判断和评价的原则体系,它主要包括审美趣味、审美标准、审美理想等。我们应该看到,由于大学生活经历、文化素养、志向目标、性格气质等的不同,他们的审美观往往各自带有鲜明的个性特征。对于学生个人的审美爱好,教师不能也不应该横加干涉,但同时,我们也应该看到,学生的审美趣味、审美标准、审美理想有着正确和错误、进步和落后、高尚和庸俗的区分,不能听之任之,而要积极引导,通过开展各种内容健康、丰富多彩的校园文化活动,帮助学生在这一审美实践中切身感受到什么是美、什么是丑,引起他们心灵的共鸣、观念的认同,从而帮助学生把握正确的审美方向,确立科学的审美标准,树立崇高的审美理想,养成健康的审美趣味。

5. 审美创造功能

一个人不从事创造性活动,就不可能成为有教养的人。认识世界是为了改造世界,高校校园文化环境的审美教育功能不只是培养学生欣赏美的能力,也不只是完善他们的美感心理和强化他们的审美意识,更重要的是要引导他们进行审美创造。丰富多彩的校园文化活动为大学生进行审美创造活动提供了纵横驰骋的广阔舞台。如一届文化艺术节的总体布置、安排,一个舞台的设计,一次征文主题的选择,一次广告设计比赛的计划等,无不蕴含着对创造美的要求。大学生对生活与人生充满自信,他们有着丰富的审美情感和想象力,对审美充满好奇感和求知欲,不仅具有创造美的渴望,而且也富有创造美的潜力。写诗、作画是创造,朗诵、辩论、演出是创造,参加实践、服务社会是创造,各种各样的校园文化活动都能体现出大学生的审美创造力。校园文化环境是大学生共同创造和拥有的文化环境,他们积极地参与、创造,不仅使校园文化环境生机盎然,而且丰富了他们的大学生活,为他们提供了施展才华、增长知识、启迪智慧、净化心灵、开阔视野、锻炼能力的机会。可以说,丰富的校园文化环境体现了审美教育功能的多样性,蕴含着开发学生的智能、激发学生的能动性、培养学生的创造精神的特殊功能。

(二)加强校园文化环境建设,营造良好的审美环境

1. 改善物质环境形态,建设优美校园

对物质环境的优化,既要从大处着眼,注重环境建设的整体一致性,又要从小处着手,从寝室建设和教室美化做起。比如,开展诸如寝室美化、教室美化、卫生评比等活动;设置学生负责的文明监督岗或督导队;开展建设"十无"校园、文明校园等活动,这些都会对物质环境的优化建设起到积极的促进作用。优美的校园物质环境能对学生产生持久的、潜移默化地教育影响,引起学生思想情感、审美观念的变化。

2. 促进校园人际关系的和谐

建立良好的人际关系,是校园文化建设的一个不可或缺的重要环节。这里所说的人际关系,是指校园内师生之间、教师之间、学生之间、学校行政管理人员与师生之间在思想、学习、生活等方面的交往和联系。这种交往和联系的和谐与否,直接影响到学校发展建设的全局。和谐的人际关系往往表现为互相信任、互相理解、互相支持、互相尊重,从而形成一种心情舒畅、积极向上、乐于奉献的精神状态。按照"美是和谐"的美学观点,这种和谐的人际关系是一种社会美的具体体现,或者说是一种人际关系的审美化。构建和谐的校园人际关系的一个有效的途径就是实施审美教育。

德国诗人和戏剧家席勒认为,审美教育的目的不是单纯地促进某一种心理功能的发展,而是通过在内心中达到审美状态而使各种心理功能达到和谐,即通过审美教育,使学生具有和谐的心理状态与人格状态。这种和谐的状态,是处理好人际关系十分重要的因素。人际关系极其复杂,在许多人际关系中,往往隐藏着人与人的利害关系。而审美关系是一种情感关系,也可以说是一种爱的关系,美育过程中人与人之间的沟通和理解是爱的体现。爱作为一种社会关系,标志着人与人之间关系的和谐与协调。

3. 促进良好心理环境的形成

心理环境与物理环境一起构成完整的校园环境。心理环境指人际环境、校风、学风、教风以及各类文化艺术活动氛围等人文因素。实施审美教育,能增强人的自我调节能力,形成良好的心理环境。审美教育的实质是情感教育。情感是审美心理中最活跃的因素。人的思想素质、文化素质、身心素质、审美素质的提高,都与情感这一心理因素有关。一个人一旦受到审美情感这一高级情感的支配,就会使自我调节能力得到极大增强,促进自身的心理健康。良好的校园心理环境能消除个体心理上的种种不协调、不和谐感,促进身体和精神以及心理功能之间的和谐发展,使学生体验到人生的乐趣与生命的完美,从而保持健康的心态。

第四章 高校美育课程建设

美育作为一门具有相对独立性的交叉学科,有着不同于智育、德育、体育、劳育的特殊性,因此,也就同时拥有独立的、系统的目标体系、内容体系、方法体系和载体体系。一套明确而系统的美育目标和内容体系,既是美育理论建构的需要,更是美育实践指导的需要,对于以美成人的美育全面、系统地实施具有重要作用。本章从高校美育课程建设方面进行系统梳理,力图构建符合大学生人格养成内在要求的美育目标及内容体系。

第一节 美育目标的一般构成

在任何一项教育中,教育目标是指对学生学习结果的预期与设想。教育目标既是教育出发点,也是教育的最终归宿。每一种教育思想都会产生一种潜在的教育目标,教育目标能够反映出教育过程中学生在认知、情感、思想、行为等方面的变化。在具体的教育实践中,对学生进行观察和测量,并将其所反映的特征加以分类总结,由此得出的结论可以作为教学实施与教学评价的有效依据。通过教育目标的实施可以准确地实现其教育思想。以美成人的美育,作为高等教育的一个有机组成部分,也同样具有鲜明的目的性,需要有明确的目标定位来确保美育对于学生的教育质量和培养学生完美人格的根本指向。

美育作为教育的有机组成部分,从发展的历程上看,在我国有着悠久的历史,最早可以追溯到先秦时期。在美育发展过程中,美育目标在相当程度上体现着国家和社会的需要,在很大范围内受到经济、文化等多种因素的影响。

总的来看,美育作为一个学科的研究还处于初始阶段,当前学界对于美育目标的论述尚未形成一个统一的标准。但是,尽管人们对于美育的目标存在着不同的理解,尽管美育目标的内涵及名称纷繁复杂,美育目标都与教育目标一样,是一个连续的整体,教育目标当中的教学目标、教育目标和远景目标等三个层次在美育目标中也有着具体的体现,只不过美育目标有自身的独特性。美育目标实质上是根据社会对教育的根本需要,对学生个体在审美教育领域进行教育的预期效果和整体设想。一般意义来说,美育目标可以抽象为价值目标和终极目标两个层次。

一、价值目标

在美育目标体系当中,价值目标可以定义为人们进行某项活动的总目的。相比美育终极目标而言,价值目标显示出现实性特点,具有一定的可操作性,可以指导阶段性教育和具体的教育评价。这类目标主要在整个目标体系中起到承上启下的作用,它是终极目标的具体化(承上),同时也指导具体美育目标的制定(启下)。从某种程度上看,美育的价值目标更多体现为现实性的功利目标,是基于人的基本需求而进行的。当前美育的一个基本目标就是通过审美教育使得个人素质、技能得到提高,在生活和工作中占有更大的优势,因而这样的目标是以明显的成效来衡量的。例如:通过美学专业课的学习,实现对美学知识体系进行系统掌握的价值目标;通过参加音乐、美术、舞蹈等艺术课程的学习,实现掌握一门艺术技能或提高艺术鉴赏力的价值目标;通过到大自然或人文景观的游览,领略自然的雄伟壮丽和人类的巧夺天工,从而发出对自然的讴歌和对生命的礼赞。美育的价值目标从某种程度上,可以说是美育的现实性目标,是当下经过规划和实施可以实现的美育境界。

二、终极目标

相比价值目标而言,终极目标实际上是最高目标,审美教育的终极目标就是要培养人格完整的人。可以说,美育的终极目标始终是对人的生存意义的关注,是以人的自由和全面发展为终极目的。改革开放以来,我国人民的物质生活和经济条件产生了翻天覆地的变化,这不能不说是科学技术和工具理性给我们带来的有利之处。近年来,由于升学、就业、情感等多方面的原因。审美具有批判现代性和对抗工具理性的特征,以美成人的美育使人具有超越性,达到审美境界。[①] 人的根本属性是社会性,个体自身不断地完善人格,在某种程度上也会推动国家制度的完善和社会的进步,因此,人自身的和谐对一系列社会问题具有积极的意义。对于美育来说,需要我们不断地深入分析其终极目标,从人格的发展和完善来把握美育的发展,用审美和艺术的方式,把个体引入和谐、从容、超越一切物质束缚的境界中,在感性与理性之中找到平衡,使个体内心达到一种和谐、融洽的状态,这也是美育目标的根本指向。

第二节　现代高校美育目标

一、高校美育目标

实施以美成人的高校美育,实际上指出了当前高校美育目标的基本定位,即始终针对纯粹的唯理性主义和物质主义的突破,始终坚持促进人的全面发展和美好生存。与此同时,完善人格的培养从另一方面提出了高校美育的总体目标,即始终围绕大学生人格养成、大学生人格完善而进行美育目标的选择与设计,这是新时代背景下确定美育目标的主要依据。针对新时代背景下大学生人格所体现的具有人文关怀、积极乐观、独立和谐、开朗热情、创新洒脱等特质,高校美育目标应由以下三个维度的子目标建构而成。

(1)提升学生的审美需要层次。该目标旨在强调审美教育要关注学生的生活和审美认知的内在动机。学生的审美心理是自主性建构的,而不是通过"灌输"形成的,如果在审美教育中忽视学生的自主性,没有充分重视学生的审美意识的自由发展,没有提升学生的内在审美需要,学生的内在审美人格不可能建立起来。

(2)培养学生全面的审美情感和审美判断,协调学生人格中感性、理

---

① 郑璐.高校美育教程[M].北京:中国民航出版社,2020.

性等要素共同发展,并形成有机的联系。该目标旨在强调审美教育在协调学生人格发展中的现实作用。既然审美教育不是通过"灌输"来影响人格的完善,那么发展学生的审美情感和审美选择就应该是一项基本的目标设定。[①]

(3)引导学生形成稳定化、普遍化的理想人格结构,逐步培养其具备适应当前社会发展的时代人格品质。这既是审美需要提升的结果,也是审美判断和审美情感处于高阶阶段的确证。

二、高校美育目标的具体实施

任何一种教育目标的设计和实施都有一定的原则和要求。美育目标在具体实施过程中,仍需要遵循学生审美的一般认识规律和接受规律,从学生的审美心理出发,循序渐进地进行审美教育。具体来说,高校在审美教育过程中要从以下几个方面着手。

(一)培养大学生的审美感受力、判断力和创造力

逻辑思维、形象思维和直觉思维是人类最基本的三种思维方式,形象思维与逻辑思维直接关系着人们在实践中的创造性。美育带有鲜明的形象性、愉悦性、情感性等特点,因此它能够充分促进大学生个体的直觉以及形象思维能力的发展,进而提升个人的综合素质。尽管美育目标最低的层次是满足人的功利需求,但在实践中也需要通过对审美对象的外在感性形式进行直觉感悟和审美评价,逐渐激发个体的直觉和感性思维,不断培育个体的想象力和创造力。在长期实践中,教师要不断引导大学生感知美、欣赏美,在体验美的过程中形成发散思维和对美的判断力,促使自身的创造力得到潜移默化的提升。一本好书塑造的感人形象,可以唤起大学生内心的激情;一部好电影的境界,可以引起大学生对美好生活的无限向往与渴望;一个精彩的画展可以激发大学生无限的想象力和创造力。在各种美育形式"春风化雨"般的实施中,高校美育影响和改变着大学生的审美能力。

---

① 雷婷.学生教育与教育管理概论[M].北京:九州出版社,2020.

（二）培养大学生的审美意识和审美价值追求，使其超越"功利"

在培养审美能力以及关注审美素养的同时，审美教育活动的目标还应实现对功利生活的精神超越，促使审美教育脱离一般的功利价值目标体系，能够暂时放弃实用性的考虑，形成一种超越功利的审美意识和价值追求。在审美活动中人要超越日常看待事物的方式，摆脱现实中的利益关系，与现实中的生活形成一种"距离"，把物我关系由实用主义变为审美主义，达到"潇洒脱俗""超然物外"的超功利审美境界。这种观念有利于打破肤浅的人生价值和幸福观念，避免由于"急功近利"而"目光短浅"，把人生的目标仅锁定于对物质的极度追求而完全抛弃了"精神家园"。自有人类历史以来，亘古称颂的从来不是富甲一方的官员和商人，而是给人类留下宝贵精神财富的思想家、哲学家、科学家。实施审美教育，就是要使大学生得到情感的升华和心灵的净化，进而引发他们对于生命意义和价值的深层次思考，让他们在不同于物质功利标准的新的价值标准中去生存，去体验更加永恒的生命价值。

（三）培养大学生追求理想人格的自觉意识，使其实现审美人格的精神建构

人的心灵世界本身就是一个感性的、意义丰富的世界，审美人格的精神建构需要在个体主动参与和创造的过程中得以实现，是人对内在精神的一种积极探寻和建构的过程。自我"全面而自由"地发展，是人类遥远的梦想和渴望，是理想人格境界。审美教育目标在这一方面要不断提供契机、情境和氛围，以美的旋律和震撼拨动学生的"心弦"，激发他们内心深处对美的渴求，促使学生在个体的成长和建构中，把对理想人格的追求，当作自觉的愿望和行动，积累和养成个体的人文关怀精神，以及独立和谐、开朗乐观、创新洒脱的内在品质，并不断使其得以发展和提高，推动自我的人格建构不断走向丰满和成熟。

第三节 高校美育的内容

随着我国高等教育的深化改革,学校为学生提供了更自由的学术空间和更开放的学习氛围,学生选择学习内容的时间和空间的自主性和自由度明显加强。加之现代信息化社会的迅速发展,在大众文化的冲击下,学生会自觉地从各种渠道获取有关美育的信息。而作为以美成人的审美教育的发展,亟须在审美教育目标的指引下,不断丰富发展教育内容,从而满足大学生日益发展的审美需求。

一、美育内容的基本类型

在近年加强高校素质教育的整体形势下,美育对于培养大学生综合素质的重要作用日益得到人们的关注,美育的教育内容也得到了丰富和发展。越来越多的审美教育者开始不断探索符合理想人格要求、满足时代需要的新的美育内容,并且注重美育在高等教育中的理论研究和实践创新,这些对促进美育的不断发展都起到了重要作用。当前美育内容的类型主要包括以下几个方面。

(一)按照教育范围分类

按照教育范围,美育一般包括家庭美育、社会美育和学校美育三个方面。家庭是人生的起点,也是美育的起点。家庭审美教育给予人的影响是基础性和不可替代的。之所以如此,是因为家庭美育是建立在以血缘和亲情关系为纽带的家庭日常生活基础之上的;家庭日常生活的内容极为丰富、广泛、具体,并处处存在感情的因素,对家庭成员尤其是孩子有着深刻影响。家庭美育的主要对象是孩子,父母则是家庭美育的第一任教师。应该把家庭日常生活看作一种教育,从这里找到家庭美育实施的途径。社会是一个广阔的空间,为审美教育提供丰富的素材。社会美育的领域极为广泛,影剧院的演出,电视、广播中的节目,音乐厅、展览馆、博物馆、文化宫、俱乐部、体育场、游泳池、图书馆,以及生活环境的美化,风景游览区的开发,名胜古迹的整修,商店橱窗的布置,路边广告的设计,这些都可以作为社会美育的工具和场所,成为社会美育的组成部分。学校美育是对大学生进行人格养成教育的有效途径。基于学校本身"教书育人"的基本功能,在高校校园中通过实施美育来促进大学生理想人格养成和思想素质提升均有着相对便利的环境条件。

(二)按照性质分类

按照美育内容的性质,可以将美育划分为自然美育、艺术美育、人生美育三大类。自然美是最原始也是最贴近人类生活的美,它就蕴藏在大自然之中。自然不仅为人类的生存发展提供基本的物质基础和环境,同时也是丰富人的精神生活使人获得美感的基本源泉。自从人类开始用审美的眼光来看待世界,大自然就成了人类的审美对象。只要我们身处于大自然当中,就能够陶冶于大自然的美,就可以感受大自然的美。而想要进一步欣赏自然美,真正实现自然美育,就必须了解自然美,提高对自然美的欣赏能力,培养热爱自然之情。艺术是艺术家借助一定的手段方式对现实生活的典型性的概括与反映,是艺术家创造性的劳动成果的产物。艺术美来源于现实美,又高于现实美。艺术美育是现实美的凝练和集中,它包括音乐艺术美、美术艺术美、影视艺术美、文学艺术美和环境艺术美等。人生美育也是审美教育的重要组成部分,人有心灵美、形体美,有属于人与人之间的语言美、服饰美,有属于群体活动的环境美、人情美。人生美是指社会事物、社会现象、社会生活的美,它是美的最直接的存在形式,是现实生活美的最主要、最集中、最核心的部分。人生美育主要是由人的思想、意识、情感以及它们在人与自然的相互关系中的体现而组成的。

二、构建高校美育内容的基本思路

尽管多年来人们对美育的教育内容构建工作付出了很多努力,取得了相当的成绩,也总结了不少的经验,但是,当前美育内容在高校教育体系当中仍处在一个有待发展的时期,不仅在实践中还存在一些亟待解决的问题,在理论上也需要随着时代和高等教育的发展不断完善与创新。因此,新时代背景下,构建以美成人的美育教育内容不可能一蹴而就,需要根据教育目标的指引,选择、确立、设计教育内容并将其有机地结合起来,形成具有科学性、系统性的教育内容体系。探讨美育内容整体构建的依据和规律,可以为内容的构建提供科学的指导。因此,构建以美成人的美育内容,要遵循以下几个方面的基本规律。

(一)尊重学生成长的规律

大学生群体处在已经成年,但又未在真正意义上走向社会的人生关键阶段,其身心发展特征、规律与社会成年人截然不同,因此,高校在设计审美教育的内容时应该尊重学生的成长规律。一方面,在对大学生人格形成和发展规律研究的基础上,从人的认知、情感、意志和行为四个层面入手,有针对性地选择和设计教育内容,以达到科学地、循序渐进地培育审美价值观的教育目的。另一方面,在设计教育内容时,要注重教育内容既要符合当代大学生自主性较强、个性张扬、思想求异等身心特点,同时又要符合大学生在思想、心理、行为等方面的成长规律。

(二)尊重审美教育的规律

在审美教育过程中,教育目标的实现可以凭借自然美、社会美和艺术美等多种途径,而最基本的审美教育活动,一般主要通过审美接受与审美创造来实现其审美教育目标。因此,高校在设计审美教育内容时,要尊重审美教育的规律,教育内容要与审美接受的内在规定性相吻合,也就是要贴近大学生的审美需要,从而使大学生产生对教育内容的认可,激发其内在的审美需求,形成对审美的正确理解和强烈的审美意愿。审美创造是学生根据一定的审美理想,按照美的规律,运用不同的物质手段,自觉进行的审美实践活动。审美理想与社会现实的差异是审美创造的动力。审美教育要使学生认识审美理想的丰满,反思社会现实的不足,唤醒学生的创造欲望,帮助学生实现审美过程的形象性和情感性的内在统一,并赋予其情感以内在理性,从而使学生的审美创造实现从无意识到有意识、从自发到自觉的演变,收到水到渠成的教育功效。

(三)尊重时代发展的规律

我们处在这样一个时代:与不远的过去相比,大学生的思想、心理和行为以及他们所处的学校、家庭与社会环境都已经发生了变化,并且正在发生着巨变。随着我国经济体制改革和经济的快速发展,人们的思想观念和生活方式也处在一种快速多样的变化中,在世界经济一体化和网络"联通"世界的背景下,人们的思想和生活方式打上了强烈的新时代的"烙印"。审美教育的内容能否做到尊重时代发展的规律不断改革创新、与时俱进,直接决定着教育的效果。构建以美成人的美育内容要尊重时代发展的规律,这句话包括两层含义:一是要结合时代发展的需要创新教育内容,如加入传统文化审美教育、审美实践教育等;二是要赋予审美认知教育等传统内容新的时代内涵。尊重时代发展的规律,就是要顺应时代发展,美育要随着时代的变迁与时俱进,在内容上要不断丰富和创新,使之成为当代大学生喜闻乐见的内容,从而使大学生更愿意去接受,更乐于去接受,更有兴趣去接受。让美育内容的创新成为美育发展过程中的关键一环,这既符合美育内容发展的内在规律,同时也符合美育内容发展的时代要求。

三、高校美育的教育内容

高校审美教育要以大学生人格养成为根本出发点和落脚点,从人的审美心理结构的基本规律出发,着重加强审美认知教育、审美理想教育和审美实践教育等方面的内容设计和实施。

(一)审美认知教育

认知是心理学家描述人的认识能力的概念,既包含了一种动态性的加工过程(认识),也包含了一种静态性的内容结构(知识)。认知(知识)的发展,说到底是结构的发展,是结构的不断扩展和螺旋上升的建构,从静态的角度看,认知即"知识"或"信念"。认知包括从低级的感知过程到复杂的言语及问题解决过程,它是个体知识经验积累的前提;个体在认知活动过程中获得的各种认知结构或图式,既是其知识经验的一部分,同时也是人格及其他个体差异发展的基础。

审美认知教育实际上是对于审美活动中的认知过程和接受过程的教育实施,是对美的信息进行输入、编码、转化、储存、提取、运用等的审美信息加工活动。从审美心理学的角度来看,审美认知教育是促使学生形成一个审美心理认知结构。这一结构是审美个体在审美活动中形成的,并对个体未来的审美活动起着支配作用。审美教育活动主要包括对于审美理论知识的把握和了解、对于审美信息的加工和处理,以及审美活动心理机制的控制与把握。审美认知教育是个体进行审美活动中的重要环节,是个体获得和运用审美信息的内部心理活动,对于个体形成正确的审美感受和审美意识具有重要作用。因此在具体的教育过程中,在原有的审美教育活动的前提下,应注重以下几个方面内容的设计实施。

1. 注重系列性、层次性的审美基础知识教育

当前,高校开设的审美教育课程及活动主要集中于艺术教育环节,并且大多数的教育内容集中于专业类的审美技能的提升和发展,在很大程度上并没有摆脱以智育为衡量标准的基本思路。一般情况下,高校以审美为主要内容的课程主要分为以艺术专业为基准的必修课程以及以非艺术专业为基准的选修课程。而实际上,审美教育内容应与艺术教育、美学教育有所区别。审美教育不仅仅侧重美学基本理论的灌输与讲解,而且要将美学的原理与日常的审美鉴赏有机结合起来,构成多种类型、多种层次的系列内容,进而普及审美教育的基本理论,促进审美素养的提升。首先,通过知识的讲授,使学生先理解何为美、何为审美以及为什么要审美、怎样审美等一系列基本问题,为日常的审美鉴赏提供指导。其次,进行审美的生活性感知。通过进行具体的艺术欣赏、各种艺术门类的接触了解,以及在日常生活中的审美批判,综合性了解绘画、雕塑、影视、戏剧、建筑、音乐、舞蹈、戏剧等不同艺术的审美特质。最后,将审美教育渗透各门类科学的教育活动之中,并充分提升自然美、社会美、科学美等审美对象的教育内容,最后将教育内容统一到人格的审美之中。

2. 加强对民族传统文化的审美引导

按照集体无意识理论,不同民族、不同国家有着不同的文化心理,亦即不同的人格特质。中华民族有着五千年的历史,其优秀的传统文化,博大精深、源远流长,极具社会美和人情美的代表性元素。中华优秀传统文化是中华民族屹立于世界民族之林的基石,是中华民族劳动人民道德智

慧的结晶,是中华民族的巨大财富和不竭精神动力,是无数中华儿女坚强的信念支柱。

人格养成的先在性与历史继承性要求审美教育应该具有优秀民族文化元素。可以说,只有具备了鲜明的民族意识的审美教育才是真正意义的审美教育,只有蕴含丰富的优秀传统文化因素的审美教育才更具有审美价值。

(二)审美情感教育

审美情感从概念上讲是指审美主体对于美的各种意识形态的情感表现和内在心理表现,审美情感教育包括审美关爱教育、审美理想教育和审美修养教育等。在审美活动中,审美情感产生于主体的审美实践中,而又引导、规范着主体的审美实践活动。在以美成人的审美教育活动中,应注重以下几方面的教育内容。

1.审美关爱教育

一般来说,人的基本需要大致分为物质需要和精神需要。在审美活动中,审美情感是个体在审美活动中自觉获得的内在心理感受。审美关爱教育与一般的审美认知教育不同,它并不与实用功利的目的直接联系在一起,它注重的是人格本身与审美情感的内在契合。在审美关爱教育当中,最为重要的是教会当代大学生学会关爱、学会真诚,建构中华优秀传统文化所特有的"仁"的特质。

长期以来,由于各种社会思潮的影响,以及高等教育改革中产生的一些矛盾尚未解决,当代大学生人格发展过程中,实用性和功利性的追求得到了部分学生的价值认可。而在我们现行的教育内容当中,对于关爱、真诚的教育往往受到忽略。当前不少大学生过多地以自我为中心,过多地关注自我得失,忽视他人的情感,在人际交往方面产生了不少困惑与问题。而归结这一问题产生的原因,缺少审美情感的教育是一个重要的方面。从一些高校的审美教育来看,培养大学生的审美情感并不难,关键在于高校美育的发展和建设。当前不少高校倡导和组织志愿服务活动,如定期开展敬老助残活动、社区服务活动、爱心募捐活动等,这既是一种有效的德育手段,也是培养当代大学生审美情感的重要方式。当然,除此之外,学校还可以通过美育课堂的教育、校园文化环境的熏陶、校园文化活动的引导,帮助大学生形成健康的人格。因此,在大学生的人格养成教育中,高校要以审美情感的熏陶和培育为目的,通过开展丰富多彩的关爱教育活动,引导他们学会对他人的体恤和关爱,在家庭关爱自己的亲人,在学校与人真诚相处,尊重教师、帮助同学、关心集体,形成高尚的道德品质、良好的行为习惯和主动的团队合作意识。长此以往,学生能够自觉形成积极的情感体验,具备关爱的意识,懂得关爱身边的人和事,这对于完善大学生自我人格品质具有重要意义。

2.审美理想教育

审美理想是审美意识中居于最高层次的审美范畴。在艺术活动中,审美理想得到了最充分、最集中的体现。它是在审美经验的基础上产生的,并且是这种经验的高度概括。审美理想产生于社会实践中,人的全部社会活动,从一定意义上说,就是不断地认识现实、产生理想,并实现理想的过程。人的审美理想就产生于这个过程中。作为审美经验的凝结与升华,审美理想与一般的社会理想、观念又有所不同,而且是有经验性的形象特征,不是逻辑概念所能涵盖或替代的。但是,要充分表现审美理想,使审美理想"物质化",变成任何其他人都可以接受的东西,那就只有借助于透视审美理想的"棱镜"来反映现实的艺术才能做到。

审美理想在人的认知活动中发挥着极为重要的引导与推动作用。对美的坚信与追寻是许多重大科学发明的基本动力。审美理想并不是表现出来的逻辑形态,而是深藏于审美主体内心之中的审美经验和艺术直觉。审美理想是审美主体的先验条件,为审美活动提供标准和条件,是审美活动发生的重要前提条件,是审美活动的基础和前提。因此,审美理想也就会对认识活动产生重要的影响,因为审美认知是以审美理想为恒定的认知标准和尺度。因此,树立积极向上的审美理想,对于当代大学生人格养成有着极其重要的作用,它使认知活动指向理想人格,以理想人格提供的标准和条件为前提来建构大学生的人格。

3.审美修养教育

"修养"一般指人的道德品质、外表形象、知识水平与能力等多方面的统一体。审美修养教育则是在审美教育中有意识地促进学生审美心理结构的自我完善和发展的过程,也就是实现审美他育到审美自育的转变。从这个意义上讲,审美修养教育是审美教育的一个极为重要的目标。在我国,审美修养教育有着深厚的文化基础和现实意义。我国古代很多美学思想家从不同方面阐述了以审美教育为理念,对构建个人多方面修养起着重要作用。

教师在审美情感教育过程中,要引导学生注重自己的形象修养、内在气质修养,引导学生认同正确的审美修养标准,并自觉地以这一标准来要求自己,逐渐具有人格的审美影响力。审美修养教育与德育的区别在于,它不是依靠强制的手段和反复的灌输来为学生制定某种标准,而是尊重学生的个性特征,强调氛围的熏陶和影响,引导学生对于自我修养的主动性,以美的标准来促使学生从内心深处主动提升个人的修养,不断地通过气质魅力表现出美来,从而得到大家的充分尊重与认可。

(三)审美实践教育

审美实践教育的方向在于促进完整人格的形成,这一方向实现的途径就是用感性的发展来推动其向审美情感教育的转变。感性是美育的起点,具有现实性和艺术性双重属性。感性发展的层次同样有两方面的体现,其一是满足与解放感性要求,其二是提升与塑造感性。与之相对应的,审美实践教育也包括主体的审美体验和审美创造等内容。从本质上来讲,审美实践其实是人的实践活动,这种自主实践以最直接、最集中的方式将美的内涵进行展现,并以对自由的体验自主进行审美创造。作为功利与超功利的统一结合体,审美实践教育既体现了美的无功利性,又体现了美的功利性,即实现了人格养成。

从生命的角度来讲,人的生命具有自然性,人在生活与社会活动过程中会萌发自然需要与内心欲望。但是,人的感性生命会在人类进化中被理性所规范,进而成为社会文化的内容,赋予感性生命更多的内涵。因此,人们通常说的"人的感性能力"其实是一种社会人的感性能力,即这种感性能力体现着认知力、理解力、判断力等理性要素。

审美教育的过程是以审美形式使学生的感性得到解放、学生的文化水平得到提升,从而使学生的深层心理活动的非理性因素得到激发。教师在审美实践教育过程中,要坚持两个基本原则,其一是以学生的基本感性需要得到满足为出发点,其二是以学生的感性能力提升为落脚点。这两个基本原则之间存在着密切的联系,感性需要的满足要以感性能力的提升为前提,感性能力的提升可以满足学生的感性需求,同时激发学生更多、更高层次的感性需求。现阶段,高校的美育实践侧重对学生实践理论的教学,而对学生的审美需要、兴趣和个性的关注度尚显不足,进而导致学生的感性需求得不到满足,学生的感性能力得不到显著提升。当这种情况在现实中发生时,学生为了自身感性需求的满足和感性能力的提升,不得不寻求校外帮助,因而学生的感性能力带有一定程度的大众审美倾向。但大众审美对缺乏感性能力的学生的影响具有明显的消极色彩,比如会让学生陷入感性世界的诱惑中,对个人主观情感宣泄的过分强调以及对单纯的感官刺激的追求等,最终导致学生难以实现在理性思考和把握自然、艺术、人生等方面的平衡。

发展学生的感性能力是学校美育实践的首要任务,要达成这一目标,关键的一点就是依托直观的审美形式,尊重学生的个性发展。之所以要坚持这一根本方向,主要在于感性与个性是相互联系的内在统一体,没有个性,感性便无从谈起,而直观的审美形式是学生的感性因素得以充分自由表达的窗口,也就是说,只有做到这两点,学生的感性才具备了培养、发展的条件。具体来讲,教师通过美育实践促进学生的感性发展要做到如下几点。

1. 尊重和培养学生的个性

在美育中非常重要的一点在于,要建立美育与现实生活和历史具体的个体之间的联系,也就是将感性融入美育过程。这是因为,感性是个性的一部分,美育作为一种感性教育,其最基本的宗旨就是尊重和发展学生的感性,也就是尊重和发展学生的个性。通常来讲,审美教育是尊重、建构、强化学生个性的本体意义的最重要和效果最明显的选择,这也是美育区别于德育、智育的重要内容。因为相对于美育,德育强调的是适应于大多数人的道德规范,这种规范的建立在于指导人的个性建立的实践。而智育从根本上尊重和保护个体对未知世界的好奇心和探索欲。尽管如此,不同个体所呈现出的对于这个世界的不同的把握都将与客观存在的某一真理相贴合、相联系,或者相一致。作为一项感性活动,在审美主体和审美对象的选择上,审美都十分强调运用个性化、具体化、生动化的眼光、感受、体验、直觉与洞察。同时,个性不仅是审美的宗旨,更是审美的生成物,没有个性的审美是没有灵魂的,而没有审美,审美教育更无从谈起。

2.尊重学生的感性需要,完善学生的感性机能

感性机能是人们开展艺术审美活动、获得审美感受的重要媒介,是以情感为核心,又超出情感体验之外的能力,既包括感官层面的机能,如感觉、知觉等,又体现在情感体验层面,如想象、情感等。感性是一个包括心理和生理两方面内容的综合概念,从感性教育层面来讲,其教育核心诚然表现为心理机能的完善,但是生理机能的完善仍旧是其最重要的组成部分。这是因为,健全完善的生理机能是人们开展一切社会活动和实践活动的基础,在人们进行艺术审美实践方面发挥着不可或缺的核心作用。从这个角度来讲,高校在开展艺术审美活动时,要重视对学生的生理机能的完善,尊重学生的感性需要,凸显人性和人格关怀。

3.培养学生良好的审美趣味和审美观念

相对于理性教育对逻辑结论的侧重,感性教育的重点在于把握对象内蕴。然而,在智育统领一切的教育传统下,人们往往习惯了以概念、推理等形式来认识世界,容易忽略通过实践、体验等直观形式来把握世界。其实直观形式得到的观念意识往往比概念形式中的观念意识更丰富,而且能对人的心灵产生更加深入细致的影响。尤其是在人们几乎单一地以理性来认识世界的情况下,我们更需要发展人类的感性,更需要发挥直观的作用。正是从这个意义上而言,我们说美育是一种感性教育。

第四节　高校美育课程建设的载体

"载体"一词最早出现在化学领域。随着科学综合化趋势的发展,"载

体"的含义得到引申,扩大到社会科学领域,为众多学科所使用。现在,"载体"通常被理解为承载知识和信息的物质形体。由此得出,以美成人的美育的载体就是能够承载和传递以美成人的美育的内容和信息的形式。

一、基本载体:美育课程的课堂教学

基本载体就是以美成人的美育的最根本和最基础的载体。学校的主要教育活动是教学活动,课堂教学是主要的教学活动,因此,课堂教学是学校向学生进行教育的主要形式,也是美育的根本途径和主要渠道。高校美育课程的课堂教学是在科学的教学理念、特定的教育目标、合理的课堂组织安排下开设的,高校美育课程是以美成人的美育的基本载体。

高校美育课程的课堂教学主要包括文学的课堂教学和艺术的课堂教学。文学课堂教学主要包括文学常识教育、文学作品欣赏等内容,学生通过对文学语言的"意向"的把握,接受文学艺术中的审美意识,进行审美的心理建构。文学属于语言艺术,它以语言为基础材料来塑造具体可感知的审美形象,并以此来反映社会生活和表现情感,它生动地描绘现实生活,形象地刻画具有代表性的人物,同时也更为自由地表达了人丰富而复杂的情感世界。文学通过文字与语言,让人们运用自己的想象来感知文学形象,认识到最真实的现实世界,感知人类最为美好的情感。文学的审美特征主要在于文学的情感性、形象的间接性、表现内容的丰富性等。文学作品能以美的、生动的形象去感染学生,用美的语言去激发学生,使学生在善与美、情与理、言与行的体验中形成美的评价能力和创造能力,引导学生感受美、观察美、追求美,进而创造美。

艺术课堂主要包括音乐艺术、美术鉴赏、戏曲电影艺术等。《辞海》将艺术解释为"通过塑造形象,具体地反映社会生活,表现作者一定思想感情的一种社会意识形态"。艺术在本质上关注的是人的心灵。高校的艺术教育主要是使学生具备基本艺术审美修养的教育。一般来说,艺术修养是在艺术审美实践中逐渐生成的,艺术修养的高低不仅影响到个体人格的发展与完善,而且它本身就是一种社会性的人格素质。音乐教育是艺术教育的一项核心内容。听音乐不仅能消除学业过重造成的疲劳,而且有助于学生理解和消化其他课程。因此,高校对大学生进行综合音乐素质训练教育,要根据学生音乐素质的实际基础,从简单的知识开始,逐步培养,把音乐史、音乐理论、音乐欣赏等与个人的音乐想象力、感受力和表现力等辩证统一起来,使学生真正感受到音乐艺术的"美"。开设音乐课可以指导学生在生活中美化心灵,使自己成为具有审美观念和高尚的艺术修养的人。另外,美术是学校进行美育的重要学科之一。各种有价值的美术作品,无论是形象地表现自然美景,还是典型地描绘社会生活、鲜明地刻画人物的性格,都可以使人们从它的形象和色调上感受美,体验到愉快或其他健康的情感,加深对生活的认识,激发对生活的热爱。

以美成人的美育,应在课程设计和课堂教学方面从教育目标、教育内容和教育形式三方面进行科学、合理地设置和构建。

(一)注重教育目标的全面性和层次性

从理论上来考察,美育的目标可分解为相互联系、相互渗透的两个层次:表层是传递审美知识,提高人的审美感受能力和审美创造能力,培养与此相关的感知力、想象力、理解力等能力素质;深层是对人的精神世界的陶冶,对人的心理结构的重建,乃至塑造健全的人格,促进人的全面发展。美育目标任务的实现是一个由浅入深、由部分到整体的过程,培养学生的健全人格是美育的终极目标,也是美育课程的教育实质。现代美育不能仅仅停留在表层的审美知识和审美能力的层面上,而应该让学生通过这些内容的学习拓展知识背景和思维空间,获得基础性的文化知识、价值观、认识论和方法论,使学生的知识范围和思维空间不至于局限于专业知识和方法论的层面。

美育是对整个人的教育,美育已发展成一种以各种美和各种艺术(内容)通过各种审美活动(中介)和美感体验(接受)的综合育人活动,是对人的整体性教育。因此,从层次性上讲,美育课程既要有浅层目标,更要有深层目标;既要有一般性的目标,又要有特殊性的目标;既要有远期性的课程目标,又要有近期性的课程目标。从全面性上讲,不仅要包括知识性目标,还要包括行为、情感、认知、结果、体验、表现等的目标。科学、合理的教学目标的确立有利于教育的有计划、有目的地开展和实施。高校不仅要传授审美领域的相关知识，更要注重引导学生进入艺术所营造的审美境界之中，体味其中浓郁的审美情感，接受美的熏陶，从而完善自身的个性结构，实现全面发展。

（二）注重教育内容的系统性和科学性

美既有相对共通的标准，也因个体的个性特点不同而呈现出不同的特点，因此，对于个体的美的教育，也要在普及共性美的标准的基础上，针对不同个体的审美接受机制和个性特点开展，促进学生普适美和个性美的和谐统一。

美育教学内容设置方面，要遵循系统性和科学性原则，以培养学生的人格为重要目标，不断完善课程体系和教学规划，使之更加系统化，同时要明确美学教育中人格培养的方向。首先。在选择课程内容时，需要明确的是教育的目标是让学生通过课程内容的学习了解更多的背景知识，拓展思维空间，对基础性文化知识、认识论等有所掌握，能够更加理性、独立地思考，提高审美能力，丰富文化内涵，形成更加完善的人格，而并不是对学生进行专业性教育，使他们掌握某个学科门类的知识结构和体系。其次，在选择教学内容时，要重点安排文学艺术类课程。更具体地说，文学艺术课堂教学包括多个学科，如文学、音乐、美术等，理论知识主要有文学和美学的基础理论、艺术理论、文学艺术史以及其他有关文学艺术方面的知识。学生在学习了基础理论知识以后，对文学和艺术中审美的原则和范围会有更多的了解，知道美是以何种形态存在的，以及如何开展审美活动的。通过审美活动，学生会进入一个审美世界，这个审美世界是独属于自己的，学生可以从中获得精神上的愉悦。

如果没有具体的审美活动，学生无法更加深刻地理解和获得美。而课堂教学为学生提供了审美活动，学生可以在课堂实践活动中不断发散思维，使自己和教师的沟通更加顺畅，不会因为知识水平的差异而无法沟通。教师在教学过程中，应该注重培养学生普适美理念，让学生在普适美和个性美之间找到平衡点，形成完善的审美人格。

（三）注重教育形式的互动性和多样性

从形式上来看,高校美育要注重课程的多样性以及与学生的沟通交流,吸引学生注意力,调动学生学习的积极性。具体做法如下。

第一,教师要多与学生进行互动。教育的过程原本就是教师和学生互相交流思想和情感的过程,美育课程的教师应该营造良好的课堂氛围,让每个人都能平等自由地分享自己的观点,活跃课堂氛围,这样才能激发学生的学习兴趣,使他们主动学习。教师应该启发学生不断拓展思维,展开丰富的想象,激发学生审美创造力,帮助学生更好地学习和理解教学内容。教师在课堂教学中要帮助学生理解审美对象,引导学生认识艺术作品的魅力和价值,使他们在无形中受到熏陶,学会欣赏艺术作品。在教学过程中,教师要适当地激励学生,给予他们更多帮助,营造一种和谐、愉悦的氛围,引导学生多提出问题,再采用小组讨论的方式,让师生之间有更多交流的机会。

第二,授课方式要更加多样。教师要运用多媒体和网络进行授课,充分发挥其灵活性、实时性等特点,将音频、视频、图片等内容在课堂上进行展示,将课堂教学中的相关艺术作品更加直观、具体地呈现在学生面前,让学生不仅体会到作品的外在魅力,更感受到其丰富的内涵和意蕴,从而将审美理论教育与增强学生审美体验相结合,激发学生的学习兴趣,提高学生的审美能力,帮助学生塑造更完美的人格。

二、一般载体:美的校园文化

一般载体是最普遍和最通常的载体。校园文化作为学校教育的重要组成部分,是以美成人的美育对学生进行人格养成过程中的环境、氛围因素,是最普遍的美育载体。校园文化是指学校师生在教育、教学活动中所创造和形成的精神财富、文化氛围以及承载这些精神财富、文化氛围的活动形式和物质形态。校园文化作为一种特殊的意识形态和群体意识,是一种客观存在,它客观地存在、变化与发展,它通过特定的人文自然环境的熏陶、渗透和升华,将其长期培育和积淀的传统作风和学术气息等转化为环境中人们共同的观念追求、价值标准、行为规范,从而不断作用于校园文化主体,影响着校园中每一个人的价值观、情感、信仰以及人格的形成和发展。与此同时,校园文化作为一个大系统,本身是一个多层次、多维度的复合型结构。从构成要素来看,既有偏重于理性的,也有偏重于感性的;既有实用的,也有艺术的;既有动态的,也有静态的;既有观念性的,也有实践性的。这种构成要素的丰富性、多样性,能够对大学生产生美育的协同性作用,多渠道、多维度地影响他们的审美心理,全面地提高其审美感受力、审美鉴赏力、审美创造力等多种审美能力,进而促使其知、情、意等多种心理功能协调发展,最终塑造出健全完美的人格。

(一)建设情意化的校园物质文化载体

校园物质文化是校园文化建设的"硬件",优美的校园环境可以使学生直接受到美的感染。苏霍姆林斯基曾指出,学校的物质基础(环境等)是培养学生的观点、信念和良好习惯的有效手段。整洁、优雅、文明的校园物质文化在以美成人的学生人格养成过程中起到了氛围引导的作用,它会大大激发学生的求知欲和积极的生活态度,提高学生的审美能力,对学生的行为具有一定的约束力和导向性。

校园物质文化包括校园建筑、教学设施、学生活动场所、校园绿化、馆藏图书等。首先是美观实用的校内建筑与景观建设。建筑本身就是一门艺术,其特点在于它能够在满足使用要求的基础之上,通过其巨大的空间形象,表现出特定时代和民族精神的风貌、思想情感和审美趣味。其次是教学手段和科研条件建设。随着科技的飞速发展,教学手段和科研条件也在不断地发生变革,传统的教学方式和科研方法已对生产力迅猛发展时代的教学科研形成了制约,教学手段和科研条件建设在学生的教育培养中尤显其关键作用和主导地位。高校通过校园网、电子图书馆、多媒体教室等数字化教学环境的建设,可以为广大教师和学生使用信息技术创造条件,有利于校园精神文化的传播、师生的交流以及学生之间的互通。

校园物质文化要想在学生人格养成的过程中发挥更加有效的作用,就要充分体现其情意化的特征。情感是主体对客体现实的一种特殊反映形式,是人对于客观事物是否符合人的需要而产生的态度和体验,因此客观现实是情感产生的源泉。校园物质文化是校园里的人们情感和精神生活的创造性表现,任何人文景观都包含着特定的情感和思想信息。优雅的校园建筑与设施应该是寓情于物、寓情于景的,如此才能使人触景生情,随时随地受到美的感染。在大学校园物质文化建设的过程中,引导学生通过感受人文景观的经典艺术作品,体验作品所蕴含的丰富情感和思想,对于丰富学生的精神世界、净化学生心灵、陶冶学生情操、培养学生积极乐观的生活态度等具有突出的作用。

(二)建设体验式的校园精神文化载体

高校教育除了知识的传播之外,极具特色的就是精神文化建设。校园精神文化是"隐性课程",从育人方式上讲,它不像课堂教学那样有完整的教学计划和授课计划,也没有精确的分数可以评定优劣,它是一种精神,一种弥漫于校园各个角落的颇具个性与特色的氛围。美的校园精神文化能够使学生主动接受熏陶并在不知不觉中受到影响,进而帮助大学生建立正确的世界观、人生观和价值观,并能够以正确的方法去认识世界、观察社会、思考人生和探索未来。校园精神文化与美育的这种互动关系对提高大学生的综合素质具有十分重要的作用。

校园文化活动是校园精神文化建设的有效载体。校园文化活动要想充分发挥其在学生人格养成过程中的催化作用,就要注重其体验性,让学生在体验中进行健康人格的养成。体验是一种发现、一种投入,在心理学的视野中,体验是指被自然和艺术所感动,乃至入迷,把全身心都沉浸进去的心理过程。体验是主体亲历、品味与验证的过程,它消融了学生知情意行的良性互动过程,对学生人格的形成有着不可替代的作用。

校园文化活动的建设是审美文化的重要组成部分,高校应多组织开展文学艺术讲座和报告、文化艺术节等艺术活动,丰富学生的艺术文化生活,使学生有机会参与到更多的艺术鉴赏活动中去。高校丰富的校园文化生活及相关的社会资源是学生进行审美实践的重要载体。高校的许多校园文化活动都具备形式新颖、内容丰富、格调高雅等特点,蕴含着丰富的美的因素,是很好的高校美育的载体。社会上的博物馆、艺术中心、旅游景点同样是美育的重要资源。学校要多渠道、多途径地了解校园文化活动及社会的美育资源,并时刻关注其最新动态,在此基础上,有意识、有目的地鼓励和引导学生利用课余时间,参加校园内形式多样的校园活动,鼓励他们对社会美、自然美和艺术美进行多方面、多层次的欣赏和实践,不断丰富经验,提高审美能力。

(三)建设人性化的校园制度文化载体

校园制度文化主要包括学校的管理制度、措施及行为规范等,具有精确性、权威性、稳定性和导向性的特点。校园制度文化对塑造学生健康人格的导向作用主要表现在以下几个方面。

第一,制度文化规范学生健康人格的发展方向。众所周知,大学生正处于人格发展的关键阶段,很容易受一些不良的文化以及行为方式的影响和误导。而校园制度文化具有一定的权威性,即校园制度一经执行,校园中任何人都不得违背。这种权威性在很大程度上为校园活动提供了基本的框架,遏制了一些不良的思想、行为倾向的产生,保障了学生的思想行为按照朝学校、社会、家庭所期望的方向发展,进而引导和规范了学生的人格发展方向。

第二,制度文化建设对学生正确价值观的培养以及判断是非能力的提高起到重要的推动作用。正确的价值观和独立准确地判断是非的能力是学生健康人格的应有之义。学校的制度文化是整个社会的政治的、经济的、法律的、道德的一系列制度文化的缩影,它是学生进行价值判断的一个重要的尺度。这种完善的合理的制度体系为学生所内化,即可形成社会所公认的价值体系。校园制度文化是学校文化传统的历史积淀,一旦形成,具有相对的稳定性,它作为在校师生所应遵循的共同行为准则,有着具体的规范性和约束力。

综上所述,高校校园文化体系的建构要遵循美的规律,充分体现审美理想。校园建筑的布局、造型、风格,以及校园环境的美化、绿化在不忽视其实用功能的同时,以可感的宜人形式给学生以直观的美感,发挥其愉悦身心、陶冶情操、净化心灵、激励向上的作用。高校的管理者和教师要通过示范、引导、启发等方法,对学生动之以情、展之以美,为学生营造宽松自由的教育氛围;用科学的管理手段和巨大的情感力量去影响和教育学生,促进其人格的健全和个性的充分发展。

三、特殊载体:教师的言传身教

特殊载体是指在美育的过程中对学生人格的形成、完善起到相对特殊影响作用的教育载体。教师的言传身教是指拥有健康人格的教师,以其真才实学、真情实感和真知灼见等为学生所认可和赞同的思想、道德、意志等内在品质,对学生产生的一种具有同化和影响作用的巨大吸引力,是教师的才、情、智、气质、能力、品质、语言等各方面感染力的综合,是教师的内在品质的外在表现。教师的言传身教对学生的人格培养起着至关重要的作用,是以美成人的高校美育的特殊载体。

大学生正处于世界观、人生观、价值观形成的关键时期,他们的身心发育具有复杂化、多向化的特点。教师作为他们学习与跟随的对象,其一言一行都对学生都有着不可忽视的影响力,甚至成为他们模仿的对象。教师的世界观、品行、生活状况以及他们对每一事物的态度,都不同程度地影响着全体学生。可以说,教师的人格是一种影响学生的后天环境因素,对学生人格的发展起到一种长期的、潜移默化的作用。苏霍姆林斯基指出,能力、志向、才干的培养问题,没有教师个性对学生个性的直接影响,是不可能实际解决的。吴季松也认为,即使在知识经济时代,教师依然是教育的第一要素。创造性思维要通过与教师高素质的交流获得。因此,承担着"传道、授业、解惑"使命的教师,绝不仅仅是知识的传授者,更应该责无旁贷地以自己的言传身教影响、指导学生,成为学生的人生导师。对教师来说,观念更新、知识丰富、技巧高超、方法熟练,都无法取代他们具有审美价值取向的人格力量。

(一)良好的性格特征

性格是人格中的核心因素,是人对现实的态度和行为方式的比较稳定的、独特的心理特征的总和。性格类型是指在一类人身上所共有的性格特征的独特结合,一般从内倾和外倾、稳定和不稳定两个维度来进行划分。例如:主动、善交际、开朗等属于外倾性格,孤僻、少言等则属于内倾性格;镇静、可信赖等属于稳定情绪,而心情易变、焦虑、易激动等属于不稳定情绪。教师在教育过程中要注意结合自身的性格特点,例如,外倾类型的教师宜采用说服教育法和实际锻炼法,内倾型的教师则更宜采用榜样示范法和情感陶冶法。

(二)和谐融洽的师生关系和较强的协调能力

和谐融洽的师生关系在教学过程中发挥着特殊、奇妙的作用,它能使学生的学习动机由单纯的认知需要上升为情感需要,使教师的工作动机由职业需要上升为职责需要。

建立良好、融洽、和谐的师生关系需要教师具有较强的协调和管理能力。具备较强的协调和管理能力的教师,在教育教学活动中表现为愿意与学生多交往、多沟通,与人相处多表现出真诚、尊重和信任的积极态度,能够得到学生的尊重、认可和接纳,能帮助学生形成健康的人格。和谐融洽的师生关系能够使学生和教师之间交流信息、联络感情、互相激励,从而形成合力。因此,教师不仅需要成为传授知识及技能的"名师",更要与学生成为朋友,加强与学生的情感交流,在治学、交际、待人处事等方面影响及引导学生。学校的管理人员也要树立育人意识,增强服务意识,充分尊重教师与学生,加强与教师和学生交流与沟通,全方位构建和谐的人际关系,促进大学生身心健康成长。

(三)良好的自我调控系统

自我调控系统是教师完美人格中不可缺少的部分,它表现在积极正确的自我认识和对他人的认识、良好情感及调控能力、坚韧不拔的意志力三个方面。能够正确认识自我的教师,能恰当地评价、接受自己和他人,能控制和掌握自己的命运。有同情心、热情及其他良好情感的教师往往有良好的师生关系,他们在教育教学实践中,能够热情、真诚地对待学生,能够激发学生的创造精神;而具备良好的情绪调控能力的教师,不仅能够及时合理地排解自己的消极情绪,也能掌握和控制学生的情绪、情感,为成功的教育创造健康的环境。有坚韧不拔的意志力的教师能够在烦琐的工作面前不退缩,也能够耐心地对待学生,并为学生树立良好的意志品质榜样。

此外,良好的创新意识、实践能力以及不断学习的能力,也是教师以人格魅力为基础的言传身教功能发挥的保障。作为培养社会主义建设者和接班人的教师,应当具有创新意识。这体现在教师在教学实践中不断改革教学方法,主动研究学生特点,启发学生思维,创造性地完成教学任务。同时,作为人才培养者的教师,要勇于接受新观念、新知识,主动向他人甚至是学生学习,不断充实提高自己,使自己具有渊博的知识,用自身的学识来吸引学生。

综上所述,教师的言传身教在教育教学过程和实践当中,对学生起到了一种特殊的、潜在的影响,是学生既"无形"又"有形"的榜样。因此,教师的言传身教是大学生美育的特殊载体。

四、复合式载体:网络平台和其他学科的美学渗透

复合式载体是指在将两个或是多个不同类型的美育载体有机联系起来并综合运用,达到和谐配合、优势互补,从而发挥最大教育作用的一种载体。网络是复合载体的一种重要形式,其他学科的美学渗透也综合了课堂教学和教师言传身教等不同类型的美育载体,属于复合载体。

(一)科学搭建网络平台

互联网时代,网络日益渗透人类社会生活的各个方面,深刻地影响着社会经济、文化、教育、科学和人们的工作、生活和思维方式,它既传播信息,又传播思想,而且影响着人们的世界观、价值观和精神状态。大学生是一个庞大的网民群体,是我国网络用户的主体。互联网技术的迅猛发展也影响了当前的教学模式和学习模式。网络在以美成人的高校美育中的作用主要体现在校园网络艺术课程、校园网络艺术氛围和校园网络互动平台三个方面。

1.网络艺术教育课程

网络课程是互联网时代出现的一种新的教学资源,它是通过网页表现,通过网络来使用的,不受时间和空间的限制。网络课程是按一定的教学目标、教学策略组织起来的教学内容及实施的教学活动的总和,它存储在网络服务器中,以网页的形式呈现给使用者,支持学生自主式学习、协作式学习等先进的学习方法。一方面,网络艺术教育课程为学生提供了便捷的学习系统,只要有一台电脑,学生可以随时随地学习学校的艺术教

育课程;另一方面,网络艺术教育课程为学生提供了形象教育内容,利用网络和现代科技优势,可以使不同类型的艺术作品得到形象直观的展现,对学生的美育起到事半功倍的效果。

2.网络艺术氛围

传统美育信息凭借书籍、广播等传统媒介存在,信息知识量相对较少,信息内容更新较慢,课堂的吸引力也不强。而网络具有信息量大、信息更新及时及信息资源共享等特点,人人都可以成为网络信息的提供者、获得者和拥有者,社会中的任何群体和个人都可以通过网络实现信息资源共享。网络的艺术信息主要包括两个方面。首先,在网络的形式上,网站在设计开发时就赋予自身形式美,网页色彩搭配、内容结构与链接的新颖性都体现出人的创造力和想象力。其次,在网络内容层面上,网络内容一般也会按照美的规律来建设,尤其是校园网。校园网络上的信息内容经过相对严格的筛查,能够引导学生积极参加网络艺术教育活动。比如,学校可以在学校主页上开辟教育专栏。在内容上,覆盖文史哲、艺术、中外文化的精品和自然科学的基本知识;在形式上,用声、文、图、像等形式来表现教育内容,增加信息容量。

3.网络艺术互动平台

网络支持的是一对一、一对多、多对多等多种交流模式,因此,它有着传统媒介所不可比拟的优点,能为师生提供更广阔的交流与学习的互动空间,学生既可能是信息的接收者,也可能是信息的发布者,其核心在于参与,加强了不同主体之间的交流。网络的交互性使师生之间的关系发生着微妙的变化,教育者与学习者的角色在交流中不断转化,大大促进了人与人关系的和谐。在教学过程中,学生通过网络接收教师传来的教学信息,并将反馈信息即时传回给教师,教师根据学生的反馈信息,对他们的学习做进一步的指导,有意识地引导学生欣赏美、认知美、感受美,通过美的熏陶,调节自身的情绪,完善人格。

综上所述,网络以其便捷性、丰富性、交互性等特点,在学校美育和以美成人的学生人格养成的过程中发挥着不可替代的作用,包含了课程教育、文化熏染、师生互动等多个教育载体,是高校美育的一个重要的复合载体。

(二)其他学科的美学渗透

美育是一种渗透在所有教育之中的教育,因此,所有课程都应把发现和传播本学科的审美价值纳入教学任务之中,充实教学内容。教师应把美育与哲学、伦理学、美学、社会学、文化学、心理学、历史学、建筑学、工业设计、计算机技术等学科联系起来,结合各专业的特点,完善知识网络结构的系统性,把眼光从狭窄的知识层面移向更广阔的知识空间。在大学生中开展审美教育,是学校各个专业、各个教育环节共同的责任。

高校美育要主动向高校教育各领域渗透,尤其要渗入各类课程的教学之中。任何一门课程都有它自身的美,都有它独特的审美价值。不论是哪个学科的教师,在教学过程中,都应把学科的美学观点,即该学科在社会生产生活中的价值阐述得清楚、生动,使之能激发学生对该学科美的感受。此外,教师在教学方法上也应增强审美效果。目前,高校教材大多是实用性文体,如果教师在讲课过程中能够运用幽默风趣的语言,恰如其分地变换讲课的语调、语速,辅以生动形象的肢体语言、优美整洁的板书等,就能唤起学生的审美情趣,激发学生的学习兴趣,拓展他们的思维,使学生在学习过程中领略到知识的美,并且在美的体验中提高自身素养。

第五章　高校美育课程开发设计研究

第一节　高校美育课程开发的理论基础

一般而言,课程设计的基础主要包括学生的基础、社会的需要和知识的发展。其中,学生基础包括学生已有的学习经验和学习需要,是课程设计最主要的来源。就高校美育的课程来说,在经济社会高速发展的前提下,高校必须为每一个大学生提供可选择的课程,既要满足大学生审美需求,同时要符合高等教育的基本规律,这就规定了高校美育的基本特征。高校美育课程是依照党和国家德智体美劳全面发展的教育方针,针对美育处境不利且具有美育课程需求的在校大学生设计的课程。

一、高校美育课程设计的主要理论依据

美育伴随我国教育从传统封建教育走向现代教育,却没有同德育、智育和体育那样形成完整的教育教学体系,美育课程被艺术课程、融入式课程大量替代。这无疑对美育作为党和国家教育方针重要组成部分的削弱。按照课程研制和设计的基本理论来设计出美育独有的课程、课程群甚至课程体系才符合《国务院办公厅关于全面加强和改进学校美育工作的意见》(以下简称《意见》)要求的"开齐开足美育课程",而不是将各类课程挂上"美育"的名号。

(一)泰勒课程基本原理

20世纪初期以来,现代工业科技的发展促使科学、实效、精确、定量成为教育研究追求科学的标准。经历20世纪30年代的经济大萧条后,由进步教育协会发起的"八年研究项目"掀起课程重建运动。基于实验的

总结,当时最负盛名的课程理论专家拉尔夫·泰勒提出了课程设计的基本程序,主要体现在其著作《课程与教学的基本原理》中,是从行为理论出发提出课程设计要考虑的目标制定、内容选择、组织实施和课程评价四个基本问题,如下所示。

第一,"学校试图达到什么样的教育目标?"泰勒并没有直接回答学校的教育目标是什么,而是提出了学校教育目标制定的五个来源,即"学习者本身的经验""校外生活""学科专家的建议""哲学上的意义"和"心理学上的意义",实际上反映了学校教育目标应考虑学生、社会和学科发展三个方面。同时泰勒又指出,教育目标是多样的,要通过"教育与社会哲学"和"心理学"的筛选,从而形成既符合学校办学既定目标又符合学生发展的教育目标。

第二,"提供何种教育经验才能达到这些目标?"教育经验是指为实现教育目标提供的教育内容,对不同的学校、学科都有所不同。对于教师来说是提供何种经验,对学生来说是获得何种经验。泰勒提出五个基本原则:学生有机会去实践、学生能够得到满足、学生有能力去实践、学生有多种学习途径、学生有多种学习结果。这种经验还具备培养学生的思维技能、信息获取、社会态度和学习兴趣的特征。

第三,"如何有效组织这些经验?"泰勒认为,"任何单一的学习经验都不可能对学习者产生非常深远的影响……必须对它们加以组织,使它们起互相强化的作用。"泰勒提出连续性、顺序性和整合性三个原则来确保学习经验的有效组织,连续性是指主要课程要素的直线式重复、顺序性是指不断将新的学习经验建立在已有的经验基础上,整合性是指课程的横向联系。

第四,"如何确定这些目标真正地被实现?"这里讨论的是如何评价的问题,行为目标理论的评价就是对比学习结果与教育目标的差异,是一个"确定课程与教学计划实际达到教育目标的程度的过程"。泰勒对评价程序和评价结果的使用做了具体的论述,评价情境性是评价过程需要考虑的重要因素。

针对泰勒模式"输入—产出"过程的各种批评,如将学校和学生影射为工厂和产品,过分强调教育的外在目标,其个性不断随着教育及其加工而丧失等,以斯滕豪斯为代表提出课程设计的过程模式大力修正了这一缺陷,但仍不可避免地陷入矫枉过正的陷阱,也就是说在尊重学生主体性和尊重学科知识的逻辑性出现矛盾。从泰勒原理并非课程内容本身的设计而是针对课程设计方法的研究来看,在经过不断地被改造、完善的过程后,形成了目标模式的整体课程设计理论。作为一套易掌握、具体化的完整课程设计程序,对高校美育课程开发有着科学性、标准化的指导意义。

(二)布鲁纳结构主义课程理论

结构主义课程理论是 20 世纪 50 年代后期美国锐意改革中小学数学与自然科学课程的产物,是在结构主义哲学和结构主义心理学的基础上发展起来的。结构主义哲学强调认识事物的内部结构,反对单纯研究外部现象;强调整体,反对孤立研究局部;强调在系统和关系中把握事物,反对单纯经验论。而结构主义心理学则强调通过个体的认知结构与外界环境的交互作用实现心理发展,教学是基于学生的认知结构来选择教学材料和教学方式。在此基础上,布鲁纳所提出的结构主义课程理论对教学内容和教学方法做了系统论述,主要体现在其著作《教育过程》中。

1. 关于课程目标

我们的课程不仅要教育成绩优良的学生,而且也要帮助每个学生获得最好的智力发展。学生的智力发展就是在工艺和社会异常复杂的时代环境中,按照个体自身的认知规律,强调学科结构的良好教学,从而使得学习能力较差的学生能够不被质量差的教学所抛弃。不仅如此,布鲁纳的课程目标还包括使学生体验知识之所以成为知识的过程,体验到学习中发现的过程。

2. 关于课程内容

布鲁纳强调学科的基本结构,也就是知识的基本结构。布鲁纳认为,学校课程和教学方法应该同所教学科中的基本概念的教学密切结合起来。这些基本概念,既能够由教师教给普通的学生,又能反映出各个学术领域的基本原理,以便使学生的学习成果能够在结束学习后产生迁移的效果。因此,布鲁纳提出课程编制的螺旋法,实际上这就是以学科的基本结构,即围绕基本概念及其关系组成的螺旋式展开,并辅之以符合学生思维发展的教学方式,从而实现概念的迁移和上升。

3.关于课程的实施

布鲁纳提倡态度和启发教学,就是教以学生好学的态度和思维启发的方法,这一过程就是发现的过程。发现学习,是指教师不直接提供知识与概念,而是学生在对教师提供的材料、信息进主动行思考,在实践过程中获得的对事物的认识,从而形成相关的概念、原理及学科的基本结构。他们强调主张在提出一个学科的基本结构时,可以保留一些令人兴奋的部分,引导学生自己去发现它,并按照课程内容的螺旋方式,产生"再发现"的可能性。①

4.关于课程的评价

布鲁纳在《教育过程》中简单阐述了考试的思想,他将考试作为"改进课程和教学的斗争中的同盟军",无论何种形式的考试,都应该着重于理解学科的一般原理,按照学生理解具体事实的方式去设计和组织考试。布鲁纳的结构主义课程对高等教育的课程设计有非同寻常的借鉴意义,一般原理的教学、学科结构的教学,实际上与高等教育高深知识的教学有异曲同工之妙。高校美育的课程同样不可能纳入所有的美,将一般概念上的美、将美的规律迁移至大量的审美实践中,形成美育课程的秩序,从而培养大学生审美认知的思维能力。

二、高校美育课程的逻辑起点与指向

(一)以高深审美知识为逻辑起点

布鲁贝克认为,高等教育与中等、初等教育的主要差别在于教材的不

---

① 鲜兰.布鲁纳的结构主义课程理论及其时代解读[J].湖北科技学院学报,2020(04):152－156.

同,高等教育研究高深的学问,所关注的是深奥的学问。伯顿·克拉克教授认为,高等教育的任务是以知识为中心的,正因为那令人眼花缭乱的高深学科及其自体生殖和自治的倾向,高等教育才变得独一无二。他举了一个形象的例子:如果说木匠的工作是手拿榔头敲打钉子的话,那么教授的工作就是围绕一组一般的或特殊的知识,寻找方式扩大它或把它传授给他人。探究高深知识是高等教育的内在规定性、特殊性所在。换言之,高等教育之所以是高等教育并区别于基础教育的根本原因在于,它是以高深知识为原材料来塑造和培养高层次专门人才的,同时它是以接受完全中等教育的毕业生为对象,个人认知、情感、意识和行为均有所发展。高校美育亦当如此,美育促进大学生发展是建立在一定的美育基础上,特别是美育实践活动给予学生的审美经验。

从高等教育的逻辑起点看,高校美育的高深知识是有关美和审美的要素结构及其规律。结构或规律是大脑理性的结果,大学生应当是理性思维的身体力行者,因为理性思维是人类最高级的心智操作,它具有高度的概括抽象性、积极的综合创造性、缜密的逻辑辩证性、丰富的历史实践性。高校美育不能停留在简单的艺术鉴赏等活动层面,更要以美的知识促进学生思维的发展。不仅要让学生了解自然美、社会美、艺术美等美的形态,知其美,还要知其所以美,用适当的美学知识和艺术学知识等组成美育高深知识作为高校美育的教育内容。另外,高等教育以学科专业划分学习领域,不同专业知识按照其独特的逻辑组合、调整,形成外在形式美与内在逻辑美。高等教育还强调不同学科专业间的跨界联系与融合。大学生必须真正热爱自己的专业、发现专业的美,才能够跨专业、跨领域发现并运用美的规律。

(二)以补偿和发展为价值取向

学校美育是学生教育全方面、全过程最薄弱的环节,这表现在适龄青年所接受的教育全过程,尤其是基础教育阶段的学校美育缺失,这对大学实施美育造成了严重的影响。有学者将各种形式的审美教育归纳为三种类型:启蒙型、普及型和文化型。启蒙型审美教育适用于幼儿、青少年及缺乏文化启蒙教育的成年人,是较低层次的审美教育;普及型审美教育适用于中学生,具有中等文化的知识青年及一般的人民大众,属于中等层次的审美教育;文化型审美教育适用于高等院校学生及各级各类知识分子、干部和从事文化、艺术工作的专业人员,是在具有一定艺术修养基础上的审美教育活动,属于高层次的审美教育。但经对全国大学生审美素质与人文素养抽样调查,诸多大学生由于历史原因或经济条件限制,基础教育阶段缺少体艺活动经验。但是,教育的实践性和大学知识的高深性决定了这种经验是大学审美教育的基础,高校必须以满足这种大学生的审美需要和美育需求为起点,以补齐基本的艺术素养(包括艺术鉴赏能力和1~2项艺术技法)和发展专业审美能力为两级目标,以艺术鉴赏课程为载体、延展跨界审美课程,以创设审美规律与经典艺术作品相结合的鉴赏教学、审美理论与专业知识相融合的专业教学为途径,提高大学生对经典艺术和专业知识的审美化认识,进一步提升其专业品质、生活品质和人文素养。

高校美育应该是在大学生具备一定的审美经验基础上,进一步介绍美学原理和审美规律,并指导学生进行审美创造的活动。由于这种审美经验的缺失,高校美育首先应落实到课程补偿上,针对学生缺失审美经验的现实情况,设计补偿审美经验和发展审美创造的课程,其出发点不仅在于培养大学生的感性审美能力,更强调美的基本规律及其应用,促进大学生审美理性的发展。

(三)力求实践的审美教育活动

教育是一种培养人的实践活动,这是教育的质的规定性,实践活动是教育最本质的特征。实用主义教育家杜威指出,我们在探索教育目的时,并不要到教育过程以外去寻找一个目的,使教育服从这个目的。杜威的实践教育论将教育目的与教育手段统一起来,将之称为教育的内在目的。而外在教育目的观显然将教育作为一种手段,而目的在遥远的将来,"目的和手段分离到什么程度,活动的意义就减少到什么程度,并使活动成为一种苦工,一个人只要有可能逃避就会逃避"①。美育是一种实践的教育,目的在于让学生学会发现美、鉴赏美、创造美,进而陶冶精神、创造美好的生活。在这种教育目的的关照下,美育需要通过各种活动,如艺术欣赏、创作与展演等来进行,手段和目的是完全统一的。

审美教育不能完全以通过一次审美课程传递给学生审美的技能技巧为目的,而应在教育的过程中审美,使教育的实践成为审美的实践。因此,经历这个过程主要有三个要求:一是学生能感受到教育本身的美好,喜爱教育活动;二是学生能找到适合的美好事物,使学生和教师在共同的审美环境中感受到身心愉悦;三是学生能够完善自己、悦纳自己,让自己成为美的化身,继而又在德育、智育和体育中得以升华为真正的审美教育。具体而言,高校美育的实践性特征,就是以审美教育本身为目的,将美育的教学环境布置为审美的环境,将美育的教学活动改变为审美的活动。

第二节　高校美育课程的开发思路

课程设计无疑是十分复杂的概念,它究竟描述的是怎样一个过程?已有的论述学者对此产生诸多分歧,整合各种观点的前提下,将确定课程目标、选择和组织课程内容和课程评价都作为课程设计过程进行研究,为高校美育课程的建设提供可以参考的方案。

一、课程目标设计

艾斯纳认为,课程目标就是人们希望通过所提供的课程计划而取得的具体目标,并且具有精确、清晰的程式化特征。课程目标的设计是在充分辨析课程目标的概念基础上,利用合理的原则拟定课程目标,并使之成为严密的目标体系。课程目标作为承接国家教育目的和学校培养目标之

---

① 岳欣云,董宏建.素养本位的教育:为何及何为[J]。教育研究,2022(03):35—46.

间的重要概念,对课程内容的选择重构、课程实施过程与方法、课程实施效果的检测等,都具有重要的统摄和指导意义。

(一)目标来源:学生审美需要、社会立美发展和专家建议

目标是一种意图,它能清晰地表达学习者接受教育的影响所产生的变化,并作为判断其是否成功的标准。课程目标的制定并非某一个方面所能确定的,任何单一的信息来源,都不足以为明智而又全面地选择学校目标提供基础。高校美育课程面向在当前经济社会发展条件下的全体大学生,既包括有良好经济基础和美育经验的大学生,也包括经济基础较差、美育经验缺失的大学生。按照目标模式原理,制定课程目标的来源主要有三个方面。

1.大学生审美需要

课程是为了实现学生的发展而存在,高校美育是为发展大学生审美需要而存在的。"需要"表现的是一种不满足状态,泰勒区别了两种需要的含义:一种是理想与现实之间的差距;另一种是有机体内部的张力平衡。大学生有着强烈的审美意识,但审美常识和审美行为存在较大差异。存在两种假设:一种是大学生已经意识到审美意识与审美能力之间的差距,这种美育的需要更容易表达出来。在接下来的美育课程需求的调查中,对艺术技能的期望和对美育课程的期望证明了部分大学生的审美需求及在此基础上的美育需求。另一种是大学生对美的感知和体验水平较低,这是由于其本身美育经验的缺失,对美的感知能力相对较差,无法以愉悦的体验激发审美的欲望,更难以恢复自身"审美张力"的平衡,从而导致美育素质相对较低,进而影响个人的全面发展。这种隐藏的需要更值得美育课程的关注,首先就要发现这种需要,激发大学生的审美学习兴趣,倘若学校提供的情境是学习者感兴趣的活动,那么学习者就会主动参与其中,从而有效地应对这些情境,并且,按照马斯洛的需要层次理论看,审美是一种身心愉悦的体验,包含着基础需要的生理的需要,也是个体在体验愉悦感时的自我实现的需要。从这一点上看,大学生的审美需要是普遍存在的。

2. 社会建设的立美标准

当代社会的发展逐渐加强了对美的追求,人们的生活现状,包括经济领域、政治领域和文化领域都体现了对美的追求。现代大学从象牙塔走向社会的中心,同社会的联系日益紧密,社会的发展对大学课程的影响日益增强。社会主流价值观或主流意识对高校美育课程目标产生最深刻的影响。近年来,随着经济实力的快速提升,对社会发展质量的要求不断提高。"美"成为衡量发展的重要指标,人民生活之美、生态环境之美、人格品行之美和人类命运共同体之美都形成了重要共识。党和政府多次在各种场合、各类文件中直接阐明发展美育的要求,其中包括高等教育的美育。从另一方面来看,人是社会性的生物,无时无刻不处于复杂的社会生活中。但是,对当代社会活动的识别本身并不表明这些活动的合理性,并非所有的社会活动都会成为课程目标的来源。当前社会的审美活动,能够产生愉悦体验的因素是多样的。何种愉悦体验是审美的范畴,如何同肤浅的"垃圾快乐"区别开是美育课程的价值影响力。

3. 学科专家的建议

这一来源,通常是课程目标最常见的,从课程研究到教材编写甚至课程实施都是由学科专家进行,课程基本反映他们的学术观点。专业性和专门化是学科专家课程目标来源的主要特征,这在一定程度上保证了课程目标制定的有效性,对特定课程的特定功用及其溢出功用有足够的了解,比如对科学课程的功能,它能在专业领域内训练人的思维能力、想象力和严谨的态度,也能在个人生活领域规范健康的生活习惯、在人际关系中给予正确的指导等。对高校美育课程的研究相当充分,不同领域的专家从不同专业或综合角度分析美育的功能、目标,阐述实现目标的建议等,比如审美价值目标、审美能力目标、审美扩展目标及其下位概念更具体的课程目标,都是在学科专家研究的基础上获得的。换言之,学科专家对课程目标的建议源于其对专业领域的研究,特别是对本专业育人功能的把握。

(二)基本原则:系统化、适应性和层次化

从学生需要、社会需要和专家建议中可以获得诸多课程目标,但并不能全盘或不加组织地接受设计的课程目标,只有某些必要且充分的功能才能被纳入课程需要实现的目标体系中。高校美育的功能给予美育课程在德育、智育和体育等各个方面的重要使命,遵循课程目标设计的基本原则也有益于理清繁多的课程目标。

1.系统化的原则

系统化是表明课程目标在整个目标体系中的组织关系,包括横向、纵向的联系,保持课程目标设计与其他课程设计环节的平衡。高校美育的课程目标,纵向上衔接好教育目的、培养目标与教学目标,充分考虑美育课程目标是否能够实现教育目的与培养目标的要求,同时能够分解为各个教学单元的目标;横向上充分考虑美育功能,将审美能力各要素作为美育课程目标的追求,如审美感知、审美表现、审美创造等。同时,将更高层次的人文素养纳入美育课程的影响范围,促使大学生通过美育课程目标的实现,促进其德育、智育(专业学习)、体育和劳动教育课程目标的融合共生。

2.适应性原则

课程目标是为修习本课程的所有学生制定的,基于全部学生各自不同的学习经验,既不能过高而脱离部分学生的已有经验,也不能过低而导致学习活动难以拓展学生的最佳发展区。当前,高校美育课程有着不同于德育、智育和体育课程的实施现实,是在一定程度的缺失情况下实施的,不仅在于艺术教育经验缺失,更在于审美教育经验的缺失,比如基础教育中,音乐、美术等艺术课程的缺失。因此,必须把握好学生的美育基础,制定适应学生发展的美育课程目标,补偿部分大学生缺失的审美经验,并以此为基础发展大学生审美创造的能力,在两个阶段都必须适应学生审美能力的发展。

3.层次化原则

层次化是指课程实施的结果按照一定的结构呈现上下位概念关系,

每一层次的课程目标包含了较低层次目标的操作方式和行为结果。按照布鲁姆的教育目标分类理论,教育目标分为认知、情感和动作技能三个领域,即认知领域的目标可以分为知识、领会、应用、分析、综合和评价;情感领域的目标可以分为接受和注意、反应、价值评估、组织和价值的内化;动作技能领域则可以分为知觉、定势、指导反应、机制、外显反应、适应和创作。这一目标分类是一个"教育的、逻辑的、心理的"分类体系。高校美育课程的基本特征要求其目标按照层次划分,放在首位的也应是认知领域,其次是情感领域和行为领域,然后按照美和审美的规律继续讨论具体层次的操作目标。

(三)补偿与发展递进式课程目标体系建构

高校美育的课程目标应呈现出补偿与发展的递进式结构关系,高校美育的发展性课程目标必须在补偿性目标完成的基础上进行,最终培养学生完整的审美能力,即大学生对无处不在的美具有感知能力、鉴赏能力、表现能力和创造能力。

美育要以审美和人文素养培养为核心,以创新能力培育为重点,科学定位各级各类学校美育课程目标。有学者认为高校美育的课程目标有四个:一是树立正确的审美观;二是培养高尚健康的审美理想与情趣;三是发展对美的事物的感受力、鉴赏力与创造力;四是提高陶冶情操、完善人格和自我美育的自觉性。再如,从大美育的观点出发,将高校美育课程目标分为总目标和分层目标,总目标是培养学生审美欣赏、审美表现和审美创造能力,同时也有助于培养良好的人格品质行为,发展智力、增强体质等,促进身心全面发展;分层目标则更具体描述各种能力的要求,如审美表现能力上提出三个具体要求,即有 2~3 项较高水平的艺术表现技能、美化周围环境的若干技能和自我美化技能。又如,高校美育课程目标应有终极目标和具体目标两种,前者是培养青年学生具有完美的人性,身心健康发展;后者又包括主要目标和同时目标两种,主要目标即塑造审美意识、发展审美能力、提高审美表现和促进审美创造,同时目标是指美育课程促进学生德智体等方面的发展。这些关于美育课程目标的研究一定程度上涵盖了补偿性课程目标与发展性课程目标,具有一定的借鉴意义。

基于高等教育的性质,完整的审美能力既要有感性的审美情绪,也要有理性的审美知识,更要求实践基础上培养对本专业的审美能力。因此,从补偿性美育课程的角度看,高校美育课程目标基于中小学美育课程目标,但不同于中小学美育课程目标;从发展性美育课程的角度看,高校美育课程目标还应基于专业学习,乃至于跨专业、跨学科学习,形成审美的学科迁移能力,达到审美生活的境界;从中小学美育学科构成看,主要是音乐、美术和综合艺术三门学科,且更重视艺术技能知识的学习,而已有的高校美育课程则更强调从美学的角度学习和鉴赏经典艺术作品,包括音乐、美术、影视等。从这一点看,高校美育的补偿性课程目标应该从审美基础知识开始。同理,发展性美育课程目标应从对本专业知识、技能等认识开始。因此,应将课程目标分为认知、情感和动作技能三维结构,并以此设计高校美育课程补偿性目标。认知目标是大学生对课程的学习,形成对美育基本知识的学习;情感目标是大学生对课程所传达的审美需要、审美态度和审美价值观的感知;动作技能领域则强调大学生的审美行为能力,如审美感知力、表现力和创造力等。另外,高校美育课程还应该在大学生德育、体育和劳动教育方面具有积极作用,可将之称为美育课程的同时目标。因此,将高校美育补偿性课程目标、发展性目标和同时目标进行整合,尝试形成系统面向全体大学生的美育课程目标。

二、课程内容及组织结构设计

当前,美育的尴尬在于几乎没有自己独立的课程,高校美育课程设计要落实在内容的设计上。美育具有从低级到高级、从简单到复杂的教育过程。所谓高等教育的美育,是相对于基础教育的美育而言的,缺失了基础教育的美育,高校美育课程要想完成美育目标,必须将其定位为补偿与发展的两阶梯式课程,最大限度地促进美育的完整。

（一）筛选标准:知识价值论、高深起点论和身心体验论

课程内容的选择是课程设计的核心问题。学界将课程内容的影响因

素主要归结为三个方面:学生自身发展的需要、社会的发展和进步以及对知识的看法和知识本身的发展。因此,在大学生基本审美素质和美育课程需求调查以及党和国家对美育的重视这两项条件下,高校美育课程内容的选择必须是在对美育知识的认识和规划下完成。

1.高校美育课程内容是具有育人价值的知识

历史上诸多哲学家、教育家对知识及其价值提出了自己的观点,斯宾塞的知识价值论就是最具代表性的观点之一。斯宾塞将科学作为最有价值的知识,他强调,学习科学,是所有活动的最好准备。这个科学的定义,涵盖了社会学、心理学、政治学、经济学以及其他实用技能等,以保全自己和他人。高校美育课程致力于提高学生的审美素质和人文素养,以保全个体的生理活动、心理活动和社会活动更加完满,以整个人生的发展为追求,切忌陷入当前的功利性教育漩涡。高校美育课程的知识以科学为基础,将对美的认识、对美的事物的认识及其对人的发展的影响归纳为一般性的科学规律,并以审美实用技能,特别是1~2项艺术技能为支撑,大学生拥有一定的审美实践经验,主观审美认识与实践审美操作两个层面相辅相成。另一方面,现代心理学将知识分为陈述性知识和程序性知识,前者是指言语信息方面的知识,回答"是什么"的问题,后者则更多地表现为技能和程序,是在练习的基础上形成的按某种规则和程序完成某项任务的能力,又分为智慧技能和动作技能。高校美育课程的知识涵盖陈述性知识和程序性知识两类,前者为大学生对美的各个方面的认识,为采取审美的身心技能提供基础。在高校美育的课程知识选择是按照"陈述性知识+程序性知识"的方式组合,对于达成美育目标不可或缺。

2.高校美育课程内容以高深知识为重点

何为高等教育?布鲁贝克指出,高深知识的教学才能称之为高等教育。高深知识的定义繁多,但从教育的角度理解,高深知识是大学生从教育教学中获取的知识具有一定的高端性,但又是能够最广泛应用的知识,如概念、规律等原理性的知识。大学教育教学的另一特征以专业为基本教学单位,专业囊括了某一领域的课程知识,并按照其内在逻辑分门别类、顺序排列。专业原理课程、专业操作课程、专业实践课程就是一个从陈述性知识到程序知识的转变过程和学习过程。因此,高校的美育绝不仅仅是上几节艺术鉴赏课程、组织几场艺术活动那么简单,而应该以美育领域的高深知识为起点,按照美育的育人逻辑组织合适的知识经验,使其能够符合大学生的认知模式和逻辑。众所周知,美学是研究美、美感和艺术美的科学,艺术学是研究艺术的学问。美学是哲学的二级学科,美学对美的研究着重于探究美的本质,在一切美的事物中总结抽象出共同特征,这被称为美的规律,包括一般概念、原理等。当美的规律被作为判断各个具体的事物美丑的标准时,这个美的规律就是审美的高深知识。艺术的一个基本特征就是审美性,无论何种形式的艺术,其中必然包含人的劳动和能动改造的"美"的意义。因此,当且仅当艺术教育具有审美意义的目标时,艺术教育才能被纳入美育的范畴。以此类比,当大学专业课程具有审美意义的教育目标,大学专业课程的审美教学也能被纳入美育的范畴。因此,高校美育的高深知识就存在于美学、艺术学及其交叉于各个学科专业上的审美规律。

3. 产生审美的身心体验是美育课程的重要标准

身心体验是指生理和心理受外部刺激的主观感受,美感体验则是外界事物作用于人的感觉器官而产生的生理与心理的愉悦的情感体验。美育功能的实现,首先是美育材料唤醒的审美身心体验,生理的愉悦和精神的愉悦并非亦步亦趋,譬如美感是积极情绪但又不等同于积极情绪,因为它包含了非愉悦的因素。换言之,审美的身心体验是大脑对外界信息的判断并以此为基础建构一个意象的世界,这些意象不仅能够为大脑所识别、加工、改造,还能渗入个体的思想、情感和价值观,并影响个体对类似事物的再判断。大学生理性思维能力和感性知觉能力较发达,不同感觉器官的通感能力已经能够对复杂的审美对象产生复杂的审美身心体验。因此,高校美育课程内容必须引起大学生身心体验,通过审美鉴赏、审美表现与创造来实现美育的功能。具体来说,这一过程首先要由艺术来完成,美是艺术的灵魂,艺术也是最具代表性的美。再由此体验专业的美、发现专业的美,提高大学生创新兴趣,促成专业审美的创造。

(二)主要内容:美学与艺术基础、专业与跨界审美规律

美育培养美感的基础是对美的认识,如果没有最低限度的理解或识别,就不能有情感的存在。补偿是对大学生基础教育缺失或错误的美育经验进行补偿,包括基本的艺术知识、艺术技能等;发展则是根据大学生的美育现状给予大学生应有的基于美的基本知识的美育经验,包括美学基本知识、美与审美的基本规律及其在审美鉴赏、审美创造中的应用。从学者们的研究来看,美育基础理论和艺术鉴赏已经在高校美育课程中取得共识,美育基础理论主要是美学基础知识的讲授,艺术鉴赏则是将美学基础理论应用于音乐、绘画、雕塑、影视、建筑、舞蹈等不同艺术形式的赏析和评论。同时,美育课程不能独立于大学生的专业学习之外,要从专业学习中抽取审美材料,形成专业审美板块,最终形成跨学科、跨界的美育经验。因此,高校美育课程内容的设计主要包括以下四个部分。

1. 美学方面的知识

蔡元培先生认为,美育者,应用美学之理论于教育,以陶养感情为目的者也。此言虽不可完全套用,但表明了美学之于美育的重要地位,因为只有站在美学的维度上,作为美学与教育学、心理学、伦理学、脑科学等的交叉学科的美育,才能获得学科的基本规定性,确立学科的基本性质。美学即作为哲学的二级学科,"美本身就是哲学问题"。但美育中的美学并不完全指向哲学意义上的思辨,美育的美学是哲学作为实践指导的存在,就是说,哲学意义上的美学问题是"什么是美""美的本质是什么",而美育中的美学则更强调指导审美的功能,说明"什么是美的""美存在于哪些领域""美可以分为哪些种类"的问题。从哲学意义上的美学为美育构建了一个审美的乌托邦王国,维护人的审美权利和唤醒人类生命的自由至少是建立在高级的审美情趣和高尚的审美人格之上,美育的首要使命是指导学生获得正确的审美标准。因此,补偿性的高校美育课程,增加美学基础知识的必要性主要体现在两个方面:一是对大学生审美常识的升华,运用美学概念、原理、规律等在更理性的层次上指明或者总结概括出他们的

感性认识;二是对大学生审美实践的指导,给予他们更具有哲理性的判断标准。

2.艺术方面的知识

艺术教育是美育的主阵地,高校要以艺术鉴赏课程为主,设艺术实践类、艺术史论类、艺术批评类等方面的任意性选修课程。音乐和美术作为艺术教育最常见的形式,在学校美育各个阶段都扮演着重要的角色,同样也是高校美育的重要组成部分。艺术方面的知识是个人审美素质和人文修养的重要组成部分,对传世音乐、美术作品的感知与欣赏能力极大程度上影响大学生学习与生活的情趣。因此,艺术相关的知识必须作为高校美育课程的一部分。高校美育要从大学生的美育经验和美育需求出发,把握美育与艺术教育的辩证关系,选择合适的艺术知识。首先,艺术基础知识。对全体大学生来说,艺术知识包括但不限于艺术学,如各类艺术表达要素,从不同艺术门类中确立不可缺少的艺术要素,如美术中的色彩、造型、构图和材质,形成对不同艺术的认识基础;简明艺术史,大学生必须对其中一种艺术的发展史有所了解,如简明美术史,可以向大学生展现美术的思想与技法发展过程,更能从历史中感受人文精神、激发学习兴趣。其次,艺术鉴赏知识。艺术鉴赏是观众与作品、作者的跨越时空的交流,是主体的积极主动的审美再创造活动。从中外经典艺术中进行品鉴:设置多种中外经典艺术,从中挑选一定数量的多种经典艺术作品,利用审美的基本规律作艺术技法鉴赏;将艺术作品置于特定历史时空,深度解析创作的思想情感,熏陶大学生的审美情趣。最后,艺术技能。艺术技能训练是否作为美育课程的内容存在争议,"美育不只是一项专业技术",但美育不能没有专业技术。美育中的艺术教育应通过适当的艺术训练引导学生学习并享受这个过程,传承技艺精神和审美文化,而非强调技法的等级水平。针对没有艺术技能的大学生选择一门即可,接受过艺术训练的大学生则可以选择其他艺术技能学习或作为教学助理帮助其他同学学习。

3.专业审美的知识

专业审美是用审美的感觉去感知专业之美、从美的视角去赏析专业的知识,这里主要指非艺术专业的其他专业。审美和求知是人类的天性,分工促进了人类的发展,也将艺术与科学分离,于是艺术在追求审美的过程中疏远了规律,科学在追求规律之中遮蔽了审美。当人们在求知的道路上摘得诸多桂冠时,审视自己的成果便产生了由衷的美感体验,这就是专业之美的由来。大学是知识的聚集地,这里不断产生的新知识如滚雪球般黏合相关领域的知识构成一个知识系统,从最早的中世纪大学文、法、医、神四大学科分化到日益精细、数以百计的专业,人类在求真的道路上愈走愈远。但也正是如此,求真和审美分工越久,分化也越深。但学者们极早就对真与美关系做了论述,如英国博物学家赫胥黎将其比喻为硬币的两个面,当代科学史奠基人萨特将科学、宗教和艺术比喻为三棱锥,越到顶端越能感觉到三者的统一等。高等教育的学习是以专业为基本单位,大学生在本科、硕士和博士的学习历程中不断深化对本学科的认识,为学科的美学审视提供了条件。正如杨振宁在《美与物理学》中表述的那样:"学物理的人了解了这些诗一样方程的意义后,对它们的美的感受是既直接而又十分复杂的"。物理学的概念、符号、公式、理论是科学的语言,在一般人甚至物理学习者看来都是晦涩难懂的,但其中却蕴含着无数研究者的艰辛探索,更蕴藏着这个世界的运行规律,也推动着现代社会生活的变迁。对经济学、护理学、教育学此类非艺术学科的专业学科而言,探索其中的审美认识更为艰难但尤为重要,这需要学科视野的高站位、高成就才能总结出专业之美。因此,这里对十三大学科及纷繁复杂的专业而言,仅能以案例建构专业审美的美育课程内容,做出一般结构设计以供参考。

4. 跨界审美的知识

跨界就是打破或超越原有障碍的过程,在高等教育中就表现为不同专业、不同学科之间的界限。在横向上表现为不同元素的改变与重组,不同学科、不同专业、不同组织或不同文化的交叉跨越;在纵向上表现为序列、阶段的超越与重组。在现实生活中,跨界的表现形式是具体而多样的。当互联网与产业融合,这是产业形态的跨界;当京津冀合作处理大气污染时,是行政区划的跨界;当电影人进行音乐演唱时,是艺术创作的跨界;等等。在这一行为的背后是各种要素的跨界联结,即视点。视点是一个非常丰富的概念,它可以是一个概念、一个原理、一种方法、一种技能,也可以是感知的突出点、情感的焦点、注意的中心、结构的支点等。视点是个体对事物变化进行跨界认知的重要因素。现代审美问题的研究是伴随审美现代性不断突破的进程而进行的,美学以独有的情感法快速实现了审美领域的互通互联,各种艺术组合又创造了新的艺术形式。他们按照艺术的规律重组艺术的视点,无论是美术的色彩、造型、构图和材料,还是音乐的节奏、旋律、和声都是审美视点,又或者在非艺术领域,如物理学中,现象、实验和理论三个层次的视点分别表达了物理学的美。相对于高等教育而言,不同的领域、不同的专业中都蕴含着美,关键在于这种学科之美基于哪些学科视点之上。这是跨界审美的重要所在。因此,这里尝试提供跨界审美的美育课程内容的一般架构,辅以跨界审美的实例。

当然,更重要的是充分实现跨界的美育,培养学生跨界的审美能力,让大学生用审美的眼光看待周围的环境、生活乃至人生的发展,这就引导学生进入了审美教育的最高境界——人生的审美。高校美育最终应当成为大学生世界观、人生观和价值观的塑造者。

(三)补偿与发展金字塔式课程内容体系建构

高校美育课程的内容极为复杂、庞大,需要按照一定的原则和形式进行组织,以便进一步形成实体的课程并付诸教学。

1.课程内容的组织原则

泰勒在《课程与教学的基本原理》中明确提出了课程内容组织的三大基本原则,即连续性、顺序性和整合性。其中,连续性是指直线式地重申主要的课程要素;顺序性强调每一后继经验建立在前面经验的基础上,同时对内容作更深入广泛的讨论;整合性是强调课程经验的横向关系,将课程学习同个人生活结合起来。有学者对此三原则进行修订,提出"连续性、整合性、系统性"三原则,分别强调课程内容在纵向、横向的秩序和综合的关系。对高校美育课程而言,高等教育的目的是发展理性思维,而美育的目标更强调涵养感性情操。但是由于基础教育美育的缺失,这种高等教育的美育似乎难以实现,二者间似有背道而驰之意。实则不然,发展高校美育必须秉持补偿的价值导向,可以选择连续性、整合性两种原则作为高校美育课程内容组织的参考原则。

(1)连续性原则是美育课程内容在美育阶段性目标上的多重陈述。首先,美育课程内容按照复杂程度进行排列。美育课程的知识始终以比较简单的基本知识为起点,以相对难的艺术技能技术和专业审美为中介,强调审美的跨界形成审美化的生活乃至审美人生,这是高校美育的最高目标,也是整个美育的最高目标。其次,美育课程的知识是按照从理性到感性再到理性的层次,高校美育是从理论开始,补偿性的高校美育则缺少了相应的美育经验,技能训练和专业审美提供了一定的审美经验,感性的审美得到补偿,通过跨界的审美教育得以升华感性经验,获得理性的人生体验。最后,一般高校美育课程的内容比较单一,美育教程多以美学原理为主体或者仅仅依靠一门艺术鉴赏实施美育,难免出现美育的残缺现象,连续性的原则是针对这种倾向,有利于实现完整的美育。

(2)整合性原则是针对课程内容的横向组织,将课程内容同学习者的学习经验合理匹配。首先,高校美育课程是美学、艺术学知识的整合,同时也是美育知识和美育实践的整合,必然要将它们组织为一个得以实施的课程或课程模块。按照美学和艺术学的差异,则需要整合美学基础知识、专业审美实践和艺术学基础知识、艺术审美实践;按照美育知识、美育实践的差异,则需要整合美学基础知识、艺术学基础知识和艺术技能、专业审美实践。其次,大学的学习是以概念为基础的。美育课程的概念涵盖了美学、艺术学和专业三大领域,概念的整合是重点内容。课程内容的组织就包括这些知识相互间的联通,如将美学知识应用于专业上,整合为专业审美的概念。

2.课程内容的组织方式

确定组织课程内容的原则后,应注意到具体的课程设计活动中采用何种方式进行。这一结果是要使学生更易于理解知识的联系,迅速把握整个课程的基本结构。对美育课程内容的组织方式,学者做了诸多探索,如点线面体课程结构。所谓点,是最经典、最具概括性的审美知识要素;所谓线,是点的延伸轨迹或点连接构成的知识单元,反映知识由浅入深、由近及远、由低到高的关系;所谓面,是相同学科相同教育阶段知识之间的联系;所谓体,是不同学科之间具有相同属性的多点、多线条、多面之间的有序而复杂的集合。这种组织方式为高校美育课程内容的组织方式提供内在逻辑的借鉴。在此基础上,高校美育课程外在形式还要采用嵌入式的结构和话题式的分布两种方式。

(1)嵌入式是计算机领域的术语,指"以应用为中心,以计算机技术为基础,软件、硬件可裁减的专用计算机系统",嵌入的模块功能完整,既可以独立进行运作也能进入整个体系进行操作。高校美育课程涉及多个学科,内容十分复杂,如艺术技能的训练、艺术知识的学习都是以选择一类艺术为学习的载体,这就需要使用嵌入式的结构,将这一学习过程嵌入美与艺术基础知识和跨界审美知识之间。

(2)话题式的课程是围绕一个主题架构知识,形成不同内容的整合体。这是由于即使在嵌入式的课程基础上,嵌入的模块仍然有大量的学科知识存在,高校美育课程难以完成全面的教学任务,故而课程设计需要采用典型案例的方案,以话题的形式组织课程内容。这种形式能最大程度上保持知识间的联系,促使美育知识或审美活动保持一个有意义的整体,又能最大程度上照顾大学生的不同需要。

综上所述,美育课程内容是以美的基本知识和艺术的基本知识为基础,以艺术训练为补偿性美育、以专业审美为发展性美育,进而完成跨界的审美,达到审美人生的境界。一般而言,审美应该由感性开始,所以高校美育也是建立在基础教育美育感性经验的基础上。但正是由于基础教育缺失这种经验的现实情况,高校美育必须承担起补偿的责任,把感性经验建立在理性理解的基础上,用审美知识去指导审美实践,这也是由高等教育的规定性确立的。

高校美育课程内容及其组织形式:补偿性美育是基础教育美育的整

合,从美的基本领域,如"艺术美""自然美""社会美""科学美"等,到美的基本范畴,如"优美""壮美""悲剧""喜剧"构成了基础教育美育经验的主要结构,以此为经验内容进行组织和安排,构成基础教育学校美育课程"五圈体系",体现了学生审美实践经验转化为学校美育课程内容的过程。当学生进入高等教育,首先提供的应该是关于美、审美和美育的高深知识,即美的本质和规律,进而在专业审美、跨界审美和人生审美的境界中获得发展。

(四)课程评价设计

在课程设计的基本流程中,课程评价是检测课程设计及其实施效果的重要环节,应在学生发展评价的同时注重课程目标、内容甚至评价方式的反思,是针对课程教学质量、学生发展程度等多因素的评价。2015年教育部颁布了《中小学生艺术素质测评办法》,将艺术测评指标分解为过程评价的基础指标与发展指标、终结性评价的学业指标两类三层体系,与之配套的是艺术素质测评在线系统的建设,为美育测评提供了重要的政策和技术支持。但美育评价始终是横亘在美育理想与现实之间的一道鸿沟,课程评价问题尤为突出,高校美育课程评价更亟须做出改变。美育课程评价需依照培养方案,更新高等教育美育课程的测评理念,制定符合高等教育过程的测评指标和算法方案,形成具有特色的高校美育课程测评体系。

1.评价理念:多元主体、典型内容和趣味方式

审美素质作为大学生必备的人文素养之一,高校美育课程评价需要更新其基本观念。其一,多元的评价主体。当前高校美育课程实施面向全体大学生,美育师资需要集合诸多学科的专家,这一开放性的特点决定了美育课程评价绝不可由授课教师独断,而需要参与该课程的多方主体共同参与。教师作为评价主体之一,基于专业的知识和教师经验把握整个评价的运行,并获得大学生受美育课程影响的发展程度,还需要不同学科教师间的合作,使囊括多种知识的美育课程评价更加合理。大学生作为评价主体之一,是学会自我评价、自我反思和欣赏他人的过程。这样有

利于培养学生的思维能力和交流能力,激发学习动机并认识自身。其二,以典型内容为代表进行评价。补偿性的高校美育的内容涉及美学、艺术学两个基本领域,更关注艺术技能、专业审美的能力,难再以艺术鉴赏的单一通道设定评价内容。全面评价课程内容的教育效果是确保评价能够为美育实践提供正向的反馈功能的要旨。但全面评价并非考查所有的课程内容,而是多维度的典型知识的综合,可以分层、分阶段性地测评。全面评价有利于引导师生关注审美素质的全方位的发展,避免落入"应试教育"或"应付教育"的陷阱。其三,采取趣味性的评价方式。即使高校美育课程有着明确的课程目标和教育目的,但其评价手段不能采取单一的、程序化的评价方式或一刀切的评价手段,美育课程的感性情感熏陶和理性知识掌握都必须包含在评价的目的中。游戏活动、展示活动、创作活动都可以是课程评价的方式,大学生以轻松、愉悦的心情完成课程考核,有利于产生更高的课程效益。

2.评价参照:预定课程目标、学生发展程度和自我认可

课程评价参照是课程评价中重要因素,对课程实施效果的评价有三个方面的参照:一是预定的课程目标;二是学生发展程度;三是学生自我评价。这也形成了课程评价的目标取向、过程取向和主体取向。

目标模式把课程评价视为将教育结果或课程计划和预定课程目标相对照的过程,学生发展程度与课程预设目标的对比直接表达课程效益。在国家教育目的和大学对自身的定位下,规定人才培养的重要来源是专业培养方案。专业培养方案是指"专业的培养计划,是高等学校根据不同层次不同专业的培养目标与培养对象制定的具体计划和方案",对高等教育不同专业的专业信息、培养目标、毕业要求、学制学位、课程教学等关键内容做出具体要求,它回答了该专业培养具有何种技能的人才、如何培养和培养效果评价的问题。可以认为,专业培养方案中的培养目标就规定了美育课程的预设总目标,各门美育课程在此基础上继续分化、具体化。现代课程评价不能局限于预设目标与达成目标的对比,应形成发展指向的评价观念,即过程取向的评价。大学生审美素养的发展程度来源于学

生对美的感知、体验和创造能力的程度,美育课程需要摒弃"60 分及格"的观念,审美素质的测量是十分复杂的,不能认为知识点答对,审美素质就高,反之亦然。这种审美素质及审美的生活态度是在不断隐藏的状态下发展的,美育课程评价应取消是否及格的观念,而应采取活动参与、学生自评与互评和试卷问答等多种形式结合形成学生发展记录表,是学生不同发展时间段的对比。这就需要便捷的测量方式,以艺术测评为例,艺术测评不仅可以就艺术某一要素进行实验,如色彩快乐价值实验、旋律快乐价值实验等,也可以通过编制各类测评量表直接测评学生艺术潜能,如西肖尔的《音乐才能之测量》、克瑞伯的美术测验等。也有学者通过使用美感程度公式进行测评,直接以大学生美感程度唤醒水平表达学生审美素质发展的水平。这种化繁为简的评价公式给高校美育课程实施效果评价提供了方向。

此外,评价更需要关注主体对评价行为本身的认同,这一主体包括评价者和评价对象。审美活动本身就存在巨大的个性化特征,美育课程评价更难以某一确定的标准衡量学生的审美能力,更重要的是反映学生审美对象的集中或分散的样态。因此,美育课程评价需要评价主体的共同参与,将师生纳入评价体系中,关注教师和学生在评价中的沟通协作,最终促使学生认同评价结论并根据结论改进发展自身的审美素养水平。

美育课程评价的最终目的是促进美育教学双方的改进与发展。补偿性美育课程与发展性美育课程的提出是为了促进大学生在原有的美育经验缺失的基础上有所补偿,并以此为阶梯促进更高阶的审美能力的培育。这种美育课程评价既要重视学生审美素养的发展过程,也要重视学生审美素养最终是否达到国家、学校和专业培养方案的目标要求以及学生个体对评价的认同感。

3. 补偿与发展融合式课程评价体系建构

融合是指两个及以上互联互通的事物的有机结合,补偿性美育课程与发展性美育课程皆属高校美育课程,但并非割裂的两个层次,而是变化的课程样态。融合式评价是将两类课程置于同一评价体系中,既在一定程度上增强补偿性课程与发展性课程的统一性,防止两类课程脱节,也能使补偿性课程与发展性课程有所对比,有利于反馈美育课程实施效果。

美育课程评价维度主要包括课程合理程度、学生发展程度和师生表现状态三大要素。其中,课程设置维度用来评价课程设置是否合理,主要分为符合培养方案要求、符合学生实际需要和可操作性三个二级维度;师生表现状态维度是指师生在教学活动中的状态,主要分为学生学习态度和教师基本素养两个维度。学生发展是课程设计的最主要目标,美育的使命是加强学生审美素质和人文素养,促进学生的全面发展,学生发展程度评价,表明美育课程在促进学生审美素质发展程度上发挥的作用。根据高校美育课程目标,将大学生基本审美素质具体划分为审美认知能力、审美感知能力、审美表现能力和审美创造能力四个二级维度。高校美育课程坚持理性与感性、理论与实践并行的设计思路,课程评价亦按此进行。

第三节　高校美育课程开发保障体系

随着党和国家对学校美育支持力度的持续加大,高校美育工作逐步成为高级人才培养不可或缺的环节。高校美育课程的设计工作是一个十分复杂的系统工程,涉及高校内部各个部门、不同专业的职能人员、师资甚至学生间的相互配合。鉴于高校发展本身的规律性和当前经济社会条件中的高校现状,这一进程不得不依赖于学校制度、师资队伍和现代信息技术的支持。

一、高校美育课程的制度保障

《意见》指出,要加强美育制度建设,加大学校美育工作规章制度的研究力度,要求美育实践发展有坚实的制度基础,支撑高校美育课程落到实处、学生获得真实发展。学校制度是学校运行的经络,从高校章程、各级各类管理制度到专业培养方案规定高校运行的各个过程。美育课程设计工作从理念设计、课程编制到课程实施、评价等一系列过程，无不依赖于管理制度的规范性和强制性。

（一）加强美育工作领导，制定相关工作规范

纵观高校美育的发展过程，受教育政策和管理制度的影响，美育建设呈现出明显的非连续性，没有强有力的制度保障，导致高校美育学科的建设迟缓，建设水平难以满足学生发展需要。此外，给高校美育课程建设带来冲击的是日渐增强的实用主义知识论，高校课程对专业知识的关注远远超过美育知识，优先考虑如何促进学生就业。这就需要高校全面狠抓美育工作的领导与管理，通过政策规制等手段在一定程度上打破美育发展受限的困境。

第一，成立专门的美育领导小组，全面负责学校美育课程管理工作。由分管相关事项的学校领导牵头带动各职能部门负责人、各二级培养单位负责人及师生代表组成美育工作小组。美育课程的设计与建设工作并非某个职能部门的任务，而应该促成学校各级各类部门的通力合作，主要有主管学校思想意识形态工作的党委部门，如组织部、宣传部等，将美育思想与党的教育方针结合起来，向全校全体师生加大宣传；主管学校本科生教务工作的教务处，制定相应的本科培养学分要求等；主管研究生教育工作的研究生院，制订相应的研究生培养计划等；主管学校财务的财务处，予以各培养单位美育课程经费的便利；主管学校科学研究工作的科研处，加大对美育的研究，特别是课程开发项目的倾斜力度，以及各二级培养单位的配合等。

第二，要针对学校发展定位和自身特色，制定美育工作方案。自《意见》颁布以来，各省市自治区分别发布地区特色的实施意见，诸如《江苏省政府办公厅关于全面加强和改进学校美育工作的实施意见》《重庆市政府办公厅关于全面加强和改进学校美育工作的实施意见》《新疆维吾尔自治区关于全面加强和改进学校美育工作的实施意见》等，直接为各地区高校建设美育课程提供了政策规划。同样部分高校也制定了美育改革与发展工作方案，提出了美育课程建设的具体措施等系列要求，学校美育工作方

案直接规定学校美育工作,如某高校发布的实施方案就课程方面提出五点措施:"加强面向全体学生的艺术课程建设、突出综合美育课程建设、加强美育课程与教学现代化建设、加强美育潜在课程建设、注重美育与专业教育紧密结合",基本架构了美育课程体系,为学校美育课程设计提供了强有力的保障。

第三,拨付专门的美育研究与实践经费,制定美育拨款专项制度,给予美育主管机构一定的经费自主权,将美育教师课时费用、科研基金立项统一纳入美育专门经费管理,这是美育课程保障的基石。

(二)修订专业培养方案,增加美育育人要素

培养方案是指高校专业的培养计划,是高等学校根据不同层次、不同专业的培养目标与培养对象制定的具体计划和方案,是高等学校专业人才培养的蓝本。专业培养方案对本专业人才培养目标与模式、毕业要求、课程设置和考核评价等内容做出了具体计划和要求。因此,专业培养方案增加美育的要求能够有效增强学校建设美育课程、学生学习美育课程的主动性。

第一,专业培养方案应在培养目标上进行修订。从某院校非艺术专业培养方案看,培养目标是承接学校人才培养定位和专业相结合人才要求,修订培养目标要注意对学生基本审美能力和专业审美意识的培养,特别是学生毕业后经过五年的实际工作锻炼更应该形成对本专业的审美认识。

第二,专业培养方案应在课程设置上进行修订。课程设置主要包括课程表及指导性修习计划、培养体系学时学分分配表等信息。从课程表看,有关美育的课程主要是在第六学期开设两个学分的艺术类通识选修课。但仅仅通过这一门选修课程培养大学生的审美素质远远不够,缺少关键性的专业审美课程,需要将美育融入专业教育,与专业教学相结合,提高美育课程系数。

(三)完善美育学分制度,优化美育学分转换

学分是指每门课程需要完成的课时计量单位,通常需要完成一个学

期内规定课堂学习时间并达到规定的质量要求。可以认为,学分是督促大学生学习的压舱石。在培养方案中,大多已经对学分要求做出规定,但始终局限于两个学分的通识选修课程。美育学分应该包括广泛的审美实践活动,将学生参与的校内外各级各类活动认证为相应的学分。事实上,《意见》指出,美育实践活动是学校美育课程的重要组成部分,美育课程不仅包括美和审美知识,还包括各种各样的审美实践活动。因此,美育学分制度还要完善包括实践课程、课外活动、校园文化活动在内的学分认定办法,将大学生参与学生社团、参与校院举办的各类艺术活动分配指导教师,并加以考核给予相应的成绩和学分,将学生参与的由学校宣传部、学工部或各二级学院组织的美与学术讲座、汇报展演和文化沙龙活动,经学校教务部门审核认定为相应的成绩和学分,将学生参与的社区乡村文化审美与艺术活动、学习民间优秀传统技艺活动、参观美术展览并做汇报展演等考核表现,给予相应的成绩和学分。其中,关键之处有两点:一是如何争取美育学分,而不局限于两个通识性选修学分,或采取分化的方式,将两个学分继续细分到各种形式的美育课程中;二是如何获取这些活动的质量标准,即衡量学生是否在活动参与中提高了审美素质,这需要对美育课程的制度规定做进一步的探讨。

二、高校美育师资的跨专业跨校联合

教师是学校教育者的主体,高校美育教师更承担着高校美育课程研究、设计和实施的重任。相比于其他课程的教师,美育教师需要更多的专业知识与技能,其中必须具备的包括教育知识与技能、艺术知识与技能以及美学知识,如此才能形成对美育的正确认识,不偏不倚地进行美育课程研究。受美育在整个教育体系中的影响,高校美育师资也面临着巨大的困境。这表现在三个方面:一是没有系统的美育师资体系,所谓配齐美育师资实际上是从艺术科目或艺术专业、美学专业纳入,冠以美育教师的称号;二是大量美育教师受艺术教育的限制,尚缺美育的教学视野,其教学基本思维仍然以艺术技法为主;三是即使艺术、美学相关科目的教师加入美育师资队伍,大量专业授课教师仍游离于美育之外,美育师资仍势单力薄。

(一)美育研究中心提供智库服务

从本质上来说,美育不仅是艺术的美育,更是自然、社会和科学的美育,美育是跨界的。相比于各专业教研室、教授工作室等,美育师资更需要聚集地。大量美育、美学研究中心提供了这样的平台,如山东大学于1999年成立的文艺美学研究中心、西南大学于2001年成立的美育研究中心、北京大学于2004年成立的美学与美育研究中心、四川师范大学于2013年成立的美学与美育研究中心、东北师范大学于2014年成立的中国学校美育研究中心等。2015年来,在《意见》的指导下,更多高校成立了美育研究机构,如清华大学依托美术学院成立美育研究中心、首都师范大学独立设置教学与科研实体机构的美育研究中心、湖南师范大学成立美育发展与研究中心并作为美育教学指导委员会等。另外,一些高校没有设置美育相关学科,可以与兄弟院校进行合作或者参与政府或民间组织的美育管理或研究机构,如中国国家画院成立数字艺术研究所、美育研究所等。

一般而言,美育研究中心的主要职能包括:①美育科学研究,通过平台立项课题,推进美育研究;②美育学术交流,通过举办各类美育研讨会,交流美育实验成果;③美育课程建设,通过美育专家整合,开发优质美育线上线下课程;④美育师资培训,通过平台制订系统的计划对幼小中大教师进行美育培训,以及其他美育研究中心能够承担的工作。如清华大学美育研究中心工作重点包括:①美育课题研究;②全国中小学美育示范区建设;③美术教育研讨会;④美育网络资源共享平台建设;⑤美育师资的培训和培养计划。事实上,这仍反映了美育研究中心作为大学组织中一部分所承担的教学、科研和社会服务职能。美育研究中心集合了学校音乐学院、美术学院、艺术教育研究中心、教师教育学院、文学院以及具有审美素养的其他专业教师,参与到高校美育课程建设中,对学校美育课程开发、美育教学实施、学生审美素养评价等问题开展研究,为美育实践中的问题提供智库作用。

(二)资深教授参与美育课程设计

从美育课程的要求看,高校美育课程设计乃至于实施需要学科专家极为精湛的专业知识和独到的审美能力,需要不同学科专家教授的紧密合作,其中教育学、艺术学、美学三种学科是美育课程不可缺少的组成部分。对各个专业而言,如何发现、选择和组织专业审美的内容体系并将之有效传授给学生更是课程设计面临的最紧要问题。但长期以来,大学教师在日常教学和科研活动中,往往是以独行侠的身份解决各种问题,加之高校科研、教学活动与职称评比挂钩,即使是同一个专业的教师也更突出竞争关系。这无疑给美育课程建设带来巨大阻力。

因此,推进美育课程设计工作需要鼓励和组织学校各学科专业的资深教授进入美育课程研究领域,依靠美育研究中心等机构,深入合作。按照教育部启动实施的"高等学校哲学社会科学繁荣计划",对资深教授的基本要求是拥有三十年以上的教龄、在各自从事的学术领域取得杰出贡献的教学科研人员。从资深教授的优势来看,一方面,数十年的教学科研积累,资深教授对各自的专业领域有广阔的视野、高超的站位和全新的理解,更能感受和总结学科专业的审美认识;另一方面,学校往往对资深教授减少教学和科研任务,有更充足的时间参与专业审美总结概括。从合作的形式看,主要有两种:一是课题组合作形式,将美育课程设计打造为课题立项,以美育课题为载体推动资深教授间、资深教授与年轻教师之间、不同学科间教师的合作,美育课程设计项目以团队的形式开展,充分实现民主自由、资源共享,促使不同专业的美在团队中流动,按照美的规律组织课程内容。二是以专业对话合作的形式,来自不同学科的资深教授掌握专业领域的学术资源,以他们对专业的审美理解,通过相互间交流沟通、碰撞补充,从而对自己专业有新的看法、总结。当然,这些合作应以审美为核心,以充分挖掘专业之美为目标,深度参与、跨界参与美育课程设计。

(三)青年教师参与美育课程培训

为加强美育师资建设,发挥美育示范辐射作用,高校需要加强美育师资的培养,这主要体现在青年教师的培训上。一般认为,高校教学在目标、内容、评价上都需要教师有精湛的专业性,要求授课教师将课程知识传授给学生、教会学生熟练的专业技能,除此以外极少关注其他方面,美育恰恰就在被专业教育忽视的指缝之间。当前,我国高校中青年教师是课堂教学的主体,大量活跃在课堂一线的授课教师的专业审美能力是真正直接影响大学生审美素质发展的因素。如果每一个青年教师能够把他在专业学习与研究中的审美体验转移到课堂教学中、与学生的日常交往中,教会学生用审美的眼光看待无限奥妙的专业知识、用审美的眼光看待与自己相遇的万事万物,那么我们有理由相信,这样的高校专业知识、专业课程、专业教学能够影响学生,给予学生绝佳的审美体验乃至于"完美的人性"。

青年教师的培训是高校美育课程设计与实施所必需的过程,是高校美育乃至于整个美育事业的重要组成部分。值得庆幸的是很多院校已经注意到这个问题,大多数学校采取培训的方式在一定程度上解决师资问题。如通过统筹学生处、培训学院教师教育学院、教学发展中心等部门,在新进教师岗前培训、辅导员培训、教师职业资格培训、教师教学能力培训等各类师资培训中心融入美育理念和内容,设置美育培训专题等;或者通过邀请校内外美育专家参与美育教改专题研讨、教学改革观摩示范,支持教师进行美育进修和到艺术团进行实践等。

三、高校美育"互联网+"的技术应用

现代科学技术的发展,给教育带来了翻天覆地的变化,互联网技术是最耀眼的明星。"互联网+"就是指利用互联网的平台,利用信息通信技术,把互联网和包括传统行业在内的各行各业连接起来,在新的领域创造一种新的生态。这一概念自提出以来迅速席卷各个社会领域。《意见》同样指出,要建立美育网络资源共享平台,依靠美育网络资源,鼓励各级各

类学校结合"互联网＋"发展新形势,加强学校美育移动平台建设。

(一)充实高校美育在线课程资源

对美育而言,尤其是课程上,"互联网＋"有着更重要的意义,与德智体相比,美育几乎是一个需要完全重建的教育领域。不仅在对美育的认识上,更体现在美育实施上。高校美育需要在铺天盖地的专业教育中撕开一道审美的口子,就必须依赖互联网技术带来的便利。首先,从美育的目标上看,美育要达到促进学生审美与人文素质的发展,促进学生获得身心愉悦的感官体验,必须依靠互联网技术提供的具有形象、生动、新颖、自由、创造以及更为精简集中的审美体验材料,如视频、音频等。其次,从高校美育课程内容的设计看,结构比较复杂、课程内容涉猎广泛。既有各种高深知识探索,又有鉴赏类的规律应用,还包括各种形式的艺术技能培训,仅仅依靠学校教师现场教学,难以给大学生提供大量的可供选择的课程。再次,从大学生学习特点和生活特点看,碎片化的时间和个性化的选择催发了互联网技术基础上的微课、MOOC、小课等的巨大生机。最后,从大数据的角度看,互联网对教育的促进更在于其强大数据收集和分析能力。因此,高校美育课程的设计应紧紧抓住互联网的脉搏,充分应用"互联网＋教育"的国家战略与美育课程设计乃至实施过程。当然,科技是把双刃剑,"互联网＋"只是提供了现代化的科学技术手段,使得高校美育课程有更加自由便利的环境,同时要注意这一应用中出现诸如课程质量等问题,坚守美育的本心,即培养学生审美素质和人文素养,同时促进其德智体美劳全面素质发展的教育。

(二)建设高校美育课程大数据平台

我们始终强调,美育评价绝不是一张试卷或一次表演能够完成的,这就要求实现全方位、多层次、全过程的课程评价,互联网大数据技术提供了平台。但是,利用互联网技术建设大数据库仍有两个需要解决的问题:一是数据转化,解决高校美育课程成绩是否能直接作为评价学生审美素养数据的问题;二是平台建设,解决美育数据平台与课程平台相衔接的问题。

当前我国在线教育发展迅速,但各类在线课程平台之间、同一平台课程之间甚至同一课程不同学期之间都难以形成大数据库。其中不乏经济因素,但这种孤立的课程运行状态给建设美育课程大数据带来巨大阻力。这就需要建构基于跨平台的合作数据库,如由国家教育主管部门或某一平台主导,开辟美育数据库专栏,结合课程运行数据、美育质量转化公式等工具解决美育课程、大数据评价相结合的技术问题。

(三)推进高校移动美育——补偿与发展并进

新世纪互联网发展伴随着移动终端的普及,"人机合一"的关系更加牢固。无论城乡、男女、老少,移动终端以其强大的功能,如智能手机、平板电脑等成为人们生活的必要伴侣。这给人们生活带来极大的便利,丰富了生活形式和内容,但也让人们的生活更加碎片化、注意力更加分散。有学者针对大学生智能手机使用现状进行调查,发现大学生手机功能排序由高到低为:休闲娱乐、经济与日常生活、个人情感、文化知识、政治与信仰、美感与艺术,并由此提出"移动审美方式"的概念,塑造开放创新便利的美育生态环境。

对高校美育而言,移动审美方式和移动美育是互联网技术带来的重要机遇,尤其是智能手机,浩瀚的互联网资源、智能手机本身存在的软硬件设备功能,可以使其在高校美育课程中发挥更大的作用。同时,学校美育课程资源可以通过手机终端直接发送到学生面前,将各种音乐、美术、舞蹈、影视、书法、民俗,甚至科学、军事等经典作品作为美育的内容,任由学生自由选择学习。在教学上,通过移动数据后台建立校级或校际管理平台,将大学生审美知识教学、艺术技能培训、审美素质测评等纳入数据库,建立在线开放课程认证和学分认证机制,充分实现移动美育的功能,留给学生学习和交流的大通道。正是通过互联网移动终端的技术应用,无论是前学院水平的美育资源,还是学院水平的美育高深知识,都将在这一平台实现跨时空的共存。高校美育在实现大学生审美补偿和发展的目标实现跨越式并进。

第六章　高校公共美育课程体系构建

第一节　高校公共美育课程体系的内容

高校公共美育课程是指以"美育"命名的,具有基础性和综合性的面向全校学生开设的高校公共美育课程。

一、高校公共美育的特殊性

与德育、智育、体育相比,我国高校美育处于当前高校教育中较为薄弱的位置。从课程设置上看,高校德育的课程体系构成主要采用必修与选修相结合的形式,开设思想道德修养与法律基础的必修课,辅以多种多样可供学生选择的选修课。高校的智育课程设置通常是针对专业课程的学习,注重学生专业能力的培养,在国家政策、科技进步、社会需求及教学质量监控等要素的推动下,经历了不断改革、不断发展的过程,形成了较为完备和成熟的专业课程体系,课时量非常充足。

高校阶段,学生脱离了应试教育,处于人生的十字路口,正经历各自发展轨迹选择的彷徨期,素养教育正当其时,审美教育课程的设置更加丰富,也更具有挑战性。但从目前的实际情况看,美育教育并未发挥其应有且不可替代的作用。主要表现在:一是高校对美育教育的重要性认识不足,在教学计划环节上,未设置美育必修课程,尚未将美育教育融入教学体系中;二是美育教育的理论基础和实践经验不够成熟,在教学实施环节上,课程内容缺乏系统性,尚未建立起完整的美育教学体系;三是美育教学目标远不能适应社会发展和学生成长的需求,教学效果上未建立美育课程监测与评价机制,单纯为了开课而开课。

二、高校公共美育课程的含义

了解公共美育课程内容的含义,可以从了解课程的含义开始。典型的课程定义:①课程即教学科目;②课程即有计划的教学活动;③课程即预期的学习结果;④课程即学习经验;⑤课程即社会文化的再生产。⑥课程即社会改造。

高校公共美育课程分为广义和狭义两种,广义的高校公共美育即审美教育,课程涵盖美育、美学课程、艺术类课程、文学类课程等。狭义的审美教育课程单指艺术教育,以"高校美育"或"高校公共美育"等命名,其课程内容主要是以教科书为载体,教科书根据具体教学目标,按照相关标准,统筹教学对象应该获得的审美能力,运用科学、系统的方法编订而成。

三、高校公共美育课程的目标

在高校美育教育的发展进程中,学者们对于高校公共美育课程的目标都进行了积极的探索和研究,所形成的观点对最终实现目标的统一起到了有效的推动作用。

高校公共美育课程的目标可以分为终极目标和具体目标。终极目标为培养完美人性,促进学生健康、和谐发展。具体目标包括主要目标和同时目标两个部分,其中,主要目标是塑造审美意识、发展审美能力、提高审美表现和促进审美创造;同时目标是促进大学生德、智、体、美、劳素质的全面和谐发展。高校美学课和美育课教学目的不明确,不能实现高校公共美育的目的,应该开设一门公共基础课,即高校审美教育课,使学生树立正确的审美观,培养健康的审美情趣,发展感受美、鉴赏美和创造美的能力,在审美活动中达到陶冶情操、完善人格的目的,提高自我美育的自觉性。高校审美教育课程的教学目标是使学生对美学和美育基本理论有较为系统的认识,并能运用美学理论分析各种审美现象,提高审美的自觉性。此外,从通识教育的角度来说,高校审美教育课程的最终目标是求真、向善和唯美美育,包含着对真理的追求、对生命的尊重和对美的热爱。

高校公共美育课程的目标在于传授基本的美学与美育知识,提高学生的审美能力,使其树立正确的审美观,实现感性世界与理性世界的和谐,最终实现人格的完善。同时,要结合学科优势和地方教育资源优势,丰富教学内容和形式,强调传统文化的传承。

四、高校公共美育课程体系研究

课程体系是实现高校公共美育课程目标的载体,在体系建设上必须以育人为本,注重与其他课程体系协同发展。建设高校公共美育课程体系要注意几点:一是坚持循序渐进原则,尊重人才成长规律;二是润物细无声,促进艺术教育与思想政治教育的有机融合;三是美育课程教学与文化课程教学要相辅相成,使教学效果相得益彰;四是秉持美育特色,充分发挥艺术之美的魅力;五是通过不断创新,促进高校美育教育的持续发展。

从高校公共美育课程体系的具体构成来说,可将其分为理论和实践两大部分。理论教学课程包括基础性课程、专业主干课程、艺术鉴赏等,实践教学课程以传承中华优秀传统文化艺术为重点,采取文艺演出、美术展览等形式开展各类活动。

为确保美育课程效果,在高校公共美育课程体系的保障上,应从五个方面进行:一是开展美育教学研究和教材研究,制定高校美育课程学业质量标准;二是根据公共美育课程目标,制定符合高校艺术专业特点的教育教学评价标准;三是遵循方向性和科学性原则,采取相应措施对美育教学过程及质量进行监测;四是结合高校具体教学状况和发展规划制定大纲、设置课程模式,如必修、限定性选修和任意性选修等;五是重视师资队伍的建设,通过培训和交流不断提高美育师资水平。

普通高校要在开设以艺术鉴赏为主的限定性选修课程基础上,开设艺术实践类、艺术史论类、艺术批评类等方面的任意性选修课程,各级各类学校要重视和加强艺术经典教育,根据自身优势和特点,开发具有民族、地域特色的地方和校本审美教育课程。总体来看,建议各高校要构建完善的公共美育课程体系,丰富审美教育课程内容和课程类型,充分开发本区域特色文化资源。

第二节　高校公共美育课程体系的框架

一、高校公共美育课程体系的框架设计

(一)理论课与实践内容

高校公共美育课程应包括基础理论和审美实践两部分内容。基础理论部分应包括美学与美育的基本理论知识、各种类型美的基本知识;实践部分包括各种美的鉴赏和创造活动。这两部分的内容不是相互割裂的,而是融合在一起。

理论知识的学习是进行审美的前提条件,学生只有学习了理论知识才能进行审美实践,反之,只有通过审美实践才能更好地理解理论知识。学生通过欣赏多种美的事物,提高审美判断力和鉴赏美的能力,进而能够辨别美丑,树立正确的审美观,实现人格的完善。在课程内容的选择与组织上,要遵循理论与实践相结合的原则。需要注意的是,高校公共美育课程是针对所有专业大学生开设的公共基础性课程,因此选择的课程内容不应太过专业或晦涩,尤其是理论知识部分,选择基础的理论知识即可。

(二)美学理论知识的内容

美学是哲学的一个分支,其主要的研究对象是美和艺术。高校公共美育课程是面向全体大学生的课程,因此应选择最基本的美学知识。美学知识的学习能为审美鉴赏与树立正确的审美观奠定基础,教师在选择美学知识时应选择有指导意义的入门知识。学生通过对美的基本知识的学习,认识什么是美以及美的特征、形态和范畴,进而形成审美判断,树立正确的审美观。因此,美学的基础知识应包括美的本质、美的形态、美的特征和美的范畴等内容。

美学其他部分的知识,如审美经验、审美情感、审美趣味、审美创造等方面的知识,大多是从审美心理的角度来分析人的审美活动,探析人的审美活动的产生与发展。这些知识太过专业化,对于学生确立正确的审美观、培养审美能力和完善人格的作用并不大。这些理论知识多集合了各家之言,在学术中还没有形成定论,作为美育内容来学习也太过艰深。

(三)美育理论知识的内容

美育基础知识在高校公共美育课程内容中虽不占主要地位,但也是有必要学习的。一方面,美育基础知识不是课程内容的主要部分,这是因为高校公共美育课程并不只是针对某一专业的学生开设的专业课程,需面向全体学生开展系统教学。另一方面,美育基础知识的学习是有必要的,因为现今人们对于美育还存在很多误解,大多将美育视为道德教育的手段,或者简单地认为美育就是学校开设的艺术课程,对美育缺少正确且全面的认识和了解。因此,高校公共美育课程的内容应包含美育基础知识。但在美育基础知识的选择上,应遵循基础性的原则,目的是使学生认识和了解何为美育。因此,美育基础知识应包含美育的含义、美育的途径和美育的功能等。

(四)各种类型美的理论与审美实践的内容

高校公共美育课程主要通过审美活动来实现,各种美的鉴赏与创造是其课程内容的主要部分。要想对各种形态的美进行鉴赏,前提条件是认识和了解各种美的基本知识。学生通过对各种美的含义、特征、形态、要素等知识的学习,积累一定的理论知识,为审美实践奠定基础。

美的形态可以分为自然美、科技美、社会美和艺术美,高校公共美育课程内容的审美实践部分也将从这四个部分中选择。由于自然美和科技美的审美创造很难在课堂教学中实现,因此在审美实践部分主要是对自然美和科技美的鉴赏。社会美可以通过对自身形象的塑造来实现审美创造,艺术美可以通过艺术创作来实现审美创造。

高校公共美育课程内容的基本理论和审美实践内容是相互融合的关

系,在组织课程内容时,要避免出现两部分相互割裂的状况。本节只是介绍了高校公共美育课程应当具备的内容,在具体课程实施中可以有所侧重,也可以有所添加。例如:在审美实践部分对自然美、科技美、艺术美和社会美的鉴赏与创造,可以全部涉及,也可以选择一种美的形式作为课程的主导,其他部分为辅;在基本理论部分,对于理论的学习可以根据课程时间、学生审美素质和课程内容安排等情况,适当增加或减少。

二、高校公共美育课程体系框架设置的建议

(一)注重审美实践内容的设置

审美实践内容是高校公共美育课程的主要部分,审美能力的培养必然要通过审美实践活动才能实现。学生只有通过对美的事物的欣赏才能获得审美感受和审美体验。学生只有通过直观的感受才能促进其感性世界的发展。高校公共美育课程的审美实践内容主要包括审美体验和审美创造两部分。

1.审美体验内容的设置

审美体验是指审美中主体精力、情感投入、体悟、拥抱对象的心理活动和审美经验。其过程是通过直觉、认知、想象、理解、移情,发现对象与自我的精神需要、观念、价值、情感、情绪的同一性与相似性,其结果是在对象的情感交流中产生感同身受、同情、愉悦、欢乐等情感情绪,乃至产生高度兴奋、物我两忘的高峰体验和美感极致。

审美体验的获得需要学生对审美对象进行观察、触碰或聆听,以直观形象的方式呈现给学生。因此,审美体验主要通过对美的事物的欣赏来实现。增强学生的审美体验有四种方式:一是在课堂教学中适当增加审美实践活动所占的比例,将基本理论的讲授与审美实践活动相融合。通过数量的积累,来达到质的飞跃。二是通过精心筛选和安排作为审美对象的内容,从而带给学生最好的审美体验。在有限的课堂教学中,为了能使学生有更好的审美体验,就要选择符合大众审美标准且具有代表性的美的事物。三是选择贴近学生生活的事物,这种事物容易使学生在情感

上产生共鸣,从而增强学生的审美体验。四是要注重审美对象的多样性,给学生带来愉悦、悲伤、同情等不同的审美体验,使学生拥有丰富的审美感受。

2.审美创造内容的设置

审美创造是指人们对美好事物创造的行为实践,是有意识的心理活动。审美创造可以是心理的,也可以是行为的。现今高校的审美教育课程中的审美实践活动多数只是停留在审美体验这一环节。教师在课堂上通过多媒体播放图片、视频或音乐的方式,让学生去欣赏作品。教师通常会对作品的创作背景、作者的背景、作品的意蕴和手法等做阐述,很少从审美的视角引导学生欣赏。学生对于作品也多是认知方面的学习,较少怀着审美的心态对作品进行体味。即使学生对作品有自己的观点,也很少有机会表达出来,学生的主体地位在课堂教学中很难显现。

教师可以通过以下几种方式为学生提供审美创造的更多机会。

首先,在欣赏作品的过程中引导学生进行审美创造。在审美过程中通过对事物的欣赏,产生自己对于作品的感受、理解与评判,这同样也是审美创造的表现。教师可以在呈现作品时适当地引导学生进一步地思考,如询问学生对作品的理解,作品给他们带来的感受,或认为事物美的原因。

其次,可以通过布置课后作业的形式来弥补课堂教学审美创造的不足。教师可以针对本节课内容,给学生安排适当的作业。需要注意的是,作业的内容应是学生感兴趣的,能够引起学生创作的欲望;同时也要考虑学生所拥有的资源,需用的工具应是每个学生都有的;作业的形式要大众化,要考虑到全体学生的能力。

(二)充分利用地缘优势

高校以其所在城市为依托,二者之间是相互促进、相互制约的关系。城市为高校的发展提供经费和政策支持;高校为城市的发展培养所需的人才,同时在校学生也拉动了城市的消费,推动了城市的经济发展。高校作为一座城市的代表,肩负着为地方输送人才的使命,其专业的设置要考虑所在地区的人才需求。城市的经济发展水平与所处地理位置也直接影响了高校的人才招收与培养。在这种情况下,高校公共美育要充分利用地方拥有的资源,促进审美教育课程的建设。

1. 课堂教学中地方优秀传统文化的运用

高校公共美育课程在选择课程内容时,要充分利用地方文化资源优势。一方面,地方特色文化多是艺术形式的文化,适合作为美育内容。如京剧、粤剧、剪纸、皮影等,都是具有地方特色的艺术形式。另一方面,这些地方特色的文化扎根地方,深受地方人民的喜爱,拥有众多艺人,留下了许多优秀作品。教师在进行课程教学时可以邀请这些艺人进行讲授,他们熟悉地方文化发展的历史,并熟练掌握这种技艺,能够随时随地进行展现。

艺人对于自身从事的事业充满热情,这份热情必然能够影响学生,调动学生的积极性;同时,在课堂上进行文化产品的展示,可以给学生更加直观的体验。优秀地方文化是中华优秀传统文化的一部分,将地方特色文化作为美育内容也是传承中华优秀传统文化。除了那些广为人知的优秀地方传统文化,还存在很多濒临失传的地方文化。通过高校课堂可以使更多的人了解它,提高地方文化的知名度,引起人们对即将失传的优秀文化的关注,同时能够激发学生学习传统文化的兴趣,为地方优秀传统文化的传承发掘人才。可见,在高校公共美育课堂上加入地方优秀传统文化的内容,对学生个人、高校美育和传统文化的发展都起到了促进作用。

2. 课外审美实践活动中对地方资源的利用

在课堂教学中,越直观的事物越能给人以深刻印象,能够起到提高教学效果的作用。美育作为培养学生审美能力的教育,直观性是其教学中遵循的基本特性。审美教育课程是重视学生审美体验的课程,学生只有在审美实践中才能真正感受美、欣赏美。因此,审美实践的内容在审美教育课程中至关重要,越直观的审美体验对学生起到的影响越大。在高校公共美育课堂教学中,审美实践部分多是对图片、音乐和视频的欣赏,相比文字的描述要更加直观。但通过参观博物馆、游览名胜古迹等形式,身临其境地接触美的事物,比坐在课堂上观看图片更能给学生带来美的感受。许多高校所在城市拥有诸多名胜古迹、自然景观,高校公共美育课应该充分利用地方资源,开展课外实践活动。课堂教学中,学生仅能通过视觉和听觉来感受事物,而课外实践课程则能够调动学生多种感官参与其中,提高学习的效率。

名胜古迹有着悠久的历史、浓厚的文化底蕴,学生在其中不仅能够得到美的感受,还能够培养学生对于中华优秀传统文化的热爱。在高校公共美育课程中有关自然美的内容,更应该通过课外活动来实现,这样才能达到最好的教学效果。例如,登山不仅能够使学生领略大自然的美,培养学生对于祖国大好河山的热爱,还能够培养学生坚忍的意志,锻炼学生强健的体魄,拉近师生之间的关系。除此之外,自然的美不是只有在崇山峻岭之中才能领略,身边的一草一木都是大自然的一部分,用心感受都能在其中体会到大自然的美。有些高校历史悠久,建筑风格具有时代特征、地域特征和文化底蕴,校园中植被种类繁多,花草茂盛,环境清幽,虫鸣鸟叫不绝于耳,无疑就是美育最好的教材,在潜移默化中学生受到了美的熏陶。教师可以充分利用这些有利资源,通过带领学生游览校园或布置"拍摄眼中的美丽校园"的课后作业的方式,引导学生关注身边美的事物,增强学生的审美意识和审美需求。

教师在进行课外教学时需要注意的问题有以下几方面。

首先,课外审美活动花费时间较长,需要教师进行合理安排。平常课堂教学一般按学时计算、每周课程大概 2 课时。如果增加课外实践课程,在路程和游览上花费大量时间,整个课程就不能按正常的教学课时计算。因此,审美实践活动课程可以作为审美教育课程的一部分,将其安排在周末,避免影响其他课程的教学。同时,应尽量选择距离学校近的文化和自然景观,从而为实践活动节省时间和精力。

其次,课外审美实践活动可以与班级活动课程相结合。课外审美实践活动丰富了审美教育课程的内容和教学方法,给学生带来更加直观的审美体验。它不仅是一次审美教育课程,也可作为一次班级活动课程,兼具审美和班级活动的双重功能,能够在审美的同时增进师生之间的感情。

美育课外实践活动固然有诸多好处,但也需要学校领导的支持、教师的精心安排,更重要的是需要学生的配合才能真正实现。

(三)注重内容的综合性

美育的综合性是指美育本身涉及的学科很多,包括美学文学、艺术、心理学、教育学等多个学科。从美育的内容而言,一方面,美育学科的综合性要求其课程内容的综合性。美育是以多个学科为基础而形成的学科,美育理论也是从与其相交叉的学科理论中形成的,从美育学科性质上考虑,审美教育课程内容的选择和设置必然要涉及多学科的内容。另一方面,美育综合性的学科性质有利于内容的综合性。美育是审美的教育、感性的教育,与其他学科相比更具包容性,更有助于课程内容综合性的实现。美育需要通过审美活动促进学生感性世界的丰富,还要尊重和培养学生的个性,这也就要求其在内容的选择上要更具多样性,满足不同学生的审美需求。同时,美育内容需要在美的事物中进行选择,而美的事物范围较为广泛,囊括所有领域的各个方面。

从以上两个方面来看,美育内容的选择和设置必然要突出其综合性的本质。下面对高校公共美育内容如何实现综合性提出具体的建议。

1. 课程内容的空间综合

高校公共美育课程内容的综合性从空间的角度而言,可以理解为选择多个民族、多个地区的文化成果作为美育内容。现今世界各国文化、经济和政治方面交流频繁,网络的发达也使人们不断接触来自世界各地的文化思想与内容。人们处于多元文化的背景下,这已经是一个不争的事实。人们在面对多种文化的过程中,一些文化在思想上与我国传统思想差异较大,在没有进行正确引导的情况下,一方面,人们会由于对本国或他国文化片面的认识和了解,造成对本民族传统文化的全盘否定和对国外文化的狂热推崇,或是出现相反的情况;另一方面,大量没有经过筛选的文化内容涌入,不利于人们对文化进行有效吸收。网络扩大了我们的视野,为我们提供了大量来自世界各地的文化产物。这些文化内容数量庞杂、良莠不齐,要想使人能够快速有效地对文化进行加工,就要进行文化内容的选择和组织。

大学阶段是学生进入社会的预备阶段,在上大学之前学生处于父母和学校严密的保护下,紧张的学习任务也使学生没有足够的时间接触外面的世界。进入大学后,学生从高压环境突然进入轻松自由的环境里,多种文化思想如潮水般冲击着学生固有的观念,大多时候会措手不及,从而对传统文化和其他民族文化产生错误的认知。高校作为文化传播与生产的重要场所,有必要对大学生进行正确引导。美育内容包括自然、社会、艺术、科技等多个方面,文化产物是美育的主要内容,美育在引导学生形成客观的文化观上有其他学科不具备的优势。美育要充分发挥这一优势,使学生客观理性地对待传统文化和国外文化。因此,在美育内容的选择与设置上,既要传承中华优秀传统文化,又要适当兼顾其他国家的不同文化,在加深大学生对于传统文化了解的同时,也让学生认识不同民族的文化,从而形成全面客观的文化观念。

在对中华优秀传统文化和其他国家的文化进行选择时,需要注意以下几个问题。

第一,在对国外文化进行选择时,要选择与中华优秀传统文化有较大差异的主流文化。选择差异较大的文化,可以与我国优秀传统文化形成鲜明的对比,使学生拥有完全不同的视野。选择主流文化的原因是:首先,各民族文化多是在一种或几种文明影响下形成的,因此有些民族之间的文化有相似之处,选择有代表性的民族文化即可。其次,主流文化在世界上占据着主导地位,作为社会生活中的一分子,有必要加强对主流文化的认识和了解。

第二,在选择中华优秀传统文化内容时,应注重文化内容的时代性与新颖性。传统并不是指"旧"和"古老",中华优秀传统文化并不是只存在于几百年前的作品中。现今文化亦是由"传统"发展而来,在当代文化产物中都可以看到"传统"的影子。一个民族的文化只有通过不断发展变化才能保证自身的生命和活力,中华优秀传统文化也是如此。高校在让学生了解中华优秀传统文化的同时,也要让学生认识到现今中国在多元文化背景下自身的文化形态,以及在传统与现代的碰撞中人们做出的尝试。同时,选择具有时代性的文化产物贴近学生的生活,从而引起学生的学习兴趣。

第三,在进行中外文化思想比较时,要注意阐述的客观性。首先,教师要做到不能将自己主观的想法强加给学生,学生要通过自身的判断形成自己的观点,这样有助于学生增强自我意识和提高判断力。其次,教师应指出双方文化在相互碰撞交融中,受到来自彼此的影响所产生的变化。往往本土文化对外来文化进行吸收和借鉴时并不是照抄照搬,而是将其同化形成具有本土色彩的文化产物。学生在了解中华优秀传统文化的同时,学会尊重不同民族的文化,看到各民族文化之间的相互融合,从而形成正确的多元文化理念。

2. 课程内容的学科综合

高校公共美育课程内容的学科综合性就是指美育内容由不同学科领域的知识组合而成。首先,美育内容可以是不同形态美的综合。美育内容是从美的事物中进行选择,美的形态包括自然美、社会美、艺术美和科技美,美育内容可以从以上不同领域进行选择。审美教育课程内容的设置可以是以上四种美的内容的组合,也可以是只选择一种或几种的组合。在进行美育内容的设置时不必做到面面俱到,而是选择一种美的形态的内容作为主导性内容,将另外几种形态美的内容融入其中,这样的课程逻辑性强、课程结构清晰。教师可以根据自身的专业情况和学校情况有所侧重地选择审美教育课程内容,从一个角度入手,其他各种形态美为辅。例如以社会美为中心进行课程内容的设置,将艺术美、自然美和科技美的内容融入其中。社会美中涉及自身形象美和生活美,形象美包括服饰设计和搭配,生活美包括室内装潢和家居用品的设计,这些内容都与艺术相关,可以将艺术美的内容渗透社会美。社会美中有关于生活环境和休闲娱乐的部分,生活环境也包括自然环境,如林中木屋、海滨别墅、草原的蒙古包等,人生活在大自然之中,社会美也涉及自然美的内容。现今科学技术发展迅猛,科技产品在生活中无处不在,给我们带来了诸多便利,已经成为日常生活必不可少的一部分,因此社会美中也可以融入科技美的内容。这些内容都与现代生活息息相关,更能与学生引起共鸣,加深学生对于各种美的感受。

有些高校是非综合性院校,如工程类、政法类、医学、师范等不同类型的高校。高校中的教师大多从事一个领域的教学和研究,因此,教师应根据自身情况选择擅长的专业作为美育内容。使审美教育课程成为专业课程体系中的一部分,既可以提高专业课程的趣味性,提高学生对本专业学习的兴趣,又可以使学生从美学角度加深对于本专业的了解。这种模式的不足在于会降低课程内容的丰富性。美育与各专业相结合的模式,可能会使课程中心不好把握,过分注重专业教学会阻碍美育目标的实现。这就需要教师对美育目标有准确的认识,使专业知识与美学知识相互协调。

高校公共美育课程在现实情况下受到师资和教学资源的影响,可能无法实现多个领域内容的综合。当今高校开设的审美教育课程,多是特定艺术形式的鉴赏类课程,这些课程趣味性强,受到广大学生的喜爱,如影视鉴赏、绘画鉴赏、音乐鉴赏等课程。在课程内容类型上略显单调,但可以从风格、年代和流派等方面增加其多样性,使学生获得较为全面的审美感受。

3.课程内容的时间综合

高校公共美育课程内容的选择从时间的综合性来看,是指美育内容的选择要兼顾时代性与经典性。大学生是大众文化的主要受众群体,也是走在时代前沿的一代,他们追赶时尚并创造时尚。高校公共美育课程内容要想能够引起大学生的兴趣,必然要选择具有时代特性的美的事物。选择具有时代特性的审美对象,首先可以从社会生活中进行选择。如现今流行的服装款式、家居用品的设计、学习用品的设计等都有艺术的痕迹,这些事物与学生的生活密切相关,能够引起学生的兴趣。流行的事物并不都是美的事物,通过教学可以引导学生理性地对待潮流。其次,可以从艺术领域中进行选择。艺术来源于生活,是现实生活的升华,选择现今艺术作品不仅使学生了解现今艺术发展的情况,还能够透过作品体会背后反映的社会现实。

除了选择具有时代特征的内容外,还要选择经典性的美育内容。首先,与那些瞬息万变的时代潮流产物不同,经典是经受了时间考验的,是被各个时代、各个阶层的人认可的美的事物。这些美的事物经久不衰,给人带来震撼的审美体验。其次,教育需要在有限的时间内,传授学生最有价值的知识,美育同样如此。人类自存在起就开始了探寻美的道路,留下了众多作品。高校公共美育需要在其中选择精华,如此才有利于实现教育目的。

(四)将美学理论与审美实践的内容相结合

美学是专门研究美的科学,经过多年的研究和探索,产生了一系列关于美和审美的理论,从各个角度揭示美的本质,探索审美活动中的各个方面,指出审美与各个领域之间存在的关系。美育与美学有着紧密的关系,美育是审美的教育,是学生通过审美活动了解什么是美和如何审美的过程。美学作为研究美与审美活动的科学,是进行审美活动的理论基础,审美实践活动只有在美学理论的指导下才能更有效。

1.课堂教学中的理论与实践相结合

在现今的高校公共美育教材和教学中,美学理论大多与审美实践相分离。教材中涉及美学理论的知识大多在前两章,审美实践内容分布在课程的后半部分。学生进行学习时,由于前面的知识已经隔的时间较久,在审美实践活动时已经无法将美学理论知识与审美实践活动相结合,不利于将美学理论应用于审美实践之中。除此之外,在课堂教学中,审美实践活动很少与美学理论知识相结合来进行,多是对作品的作者、创作背景、风格和意义等方面的讨论,学生无法理解为何将其称之为美,无法达到真正的审美效果。在以后的审美活动中,学生也只能单纯凭借主观感受进行审美,无法进行理性的审美判断。因此,在审美实践中有必要与美学理论相结合。首先,在进行真正审美实践活动之前,先对何为美进行初步的认识。通过对美的本质、形态、特征和范畴的学习,使学生对"美"有基本的认识,如此学生才能真正开始审美实践。在学习这些理论的同时,也要结合审美实践进行,使枯燥乏味的理论知识更容易被理解和记忆,并能通过审美来验证理论的真实性。需要指出的是,基本的美的理论并不只是出现在课程的开始,它还应伴随课程的全过程,教师要有意识地将其与之后的审美实践活动相融合,加深学生对于理论的理解与运用。其次,在审美实践活动中进行美学理论的讲解。例如对一棵松树进行欣赏时,引出一个美学中有关审美对象的理论:面对同一个审美对象,所持有的态度不同就会有不一样的结果。

2.课堂教学外的理论与实践相结合

除了要加强课堂教学中美学理论与审美实践的结合外,还要通过课外教学的方式进一步实现理论与实践的结合。课堂教学中的审美实践虽然与文字论述相比较为直观,但也不是与审美对象的直接接触,大多是通过多媒体进行呈现。为了使学生产生更加直观的感受,可以通过实地参观画展、观看话剧、去电影院看电影、参加音乐会等方式丰富高校公共美育课程内容。教室的课堂教学环境本身不利于审美活动的展开,而置身于画展、音乐厅、剧院等环境中,感受其中特有的艺术氛围、人自然会用审美角度去体会,这能给学生带来更好的审美体验。带领学生走出校园去参观是一种方式,另一种方式是将高校公共美育课程与高校现有艺术资源相结合。开设艺术专业或设立艺术团的高校应充分利用现有的艺术资源,将高校公共美育课程与艺术团或艺术学院举办的活动相结合,让学生有直接接触艺术作品的机会。

第三节　高校公共美育课程体系遵循的原则

一、目标性原则

课程内容是为实现课程目标而存在的,课程内容的选择要依据课程目标来进行,因此,有必要先对高校公共美育课程的目标进行分析和梳理,以便选择适宜作为高校公共美育课程的内容。高校公共美育课程目标是根据高校公共美育目的制定的,是高校公共美育目的的具体化。普通高校公共美育课程要依托本校相关学科优势和当地教育资源优势,拓展教育教学内容和形式,引导学生完善人格修养,强化学生的文化主体意识和文化创新意识,增强学生传承弘扬中华优秀文化艺术的责任感和使命感。可见,高校公共美育课程的目标在于传授基本的美学与美育知识,提高审美能力,树立正确的审美观,实现感性世界与理性世界的和谐,最终实现人格的完善。同时,高校要结合学科优势和地方教育资源优势,丰富教学内容和形式,强调传统文化的传承。高校公共美育课程内容的选择必然围绕这一目标进行。

二、美学为基础的原则

各种教育都有自己所要实现的教育目标,只有各方面教育目标达成,才能真正促进学生的全面发展。美育目标的实现,也是全面发展的重要组成部分。美育自身所应具备的目标是提高学生发现美、感受美、鉴赏美、创造美的能力,使学生的感性世界得以发展。美学理论知识的学习对学生正确审美观的树立、审美能力的提高和感性世界的发展起到了重要作用。首先,美学基础知识的学习对人的审美活动具有指导意义。从认识论和学习心理的角度来看,只有在理解事物是什么的前提下,才能对事物进行进一步的认识。因此,只有在认识了什么是美、什么事物才算是美、美的事物有哪些等一系列问题的前提下,学生才能形成正确的审美观。美学常识的缺乏会导致审美的偏差,造成以丑为美、以怪为美的错误审美观。在社会中经常会看到奇装异服、发型怪异的人。这就是审美观念出现了偏差,没有形成正确的审美标准。其次,对美的本质的了解有助于学生自身审美观的形成。美学所研究的对象是美、审美对象、审美主体,以及审美主体与审美对象的关系。其中,美学对美的探讨由来已久,美的本质一直是美学研究的主要课题,但决定事物是不是美的,往往是审美主体的感受。因此与其他科学不同的是,还没有人能够对什么是美这一概念进行准确的定义。虽然至今仍无定论,而且可能永远也没有统一的说法。最后,美学源于哲学,是哲学的一个分支。美学是从理论的高度,对美、美感和艺术进行思辨的研究。因此,对美学理论的学习有助于学生在实践中学会用批判的眼光看待问题。

美学知识的学习有助于人发现美、鉴赏美和创造美的能力的发展。首先,对美的形态的认识有助于提高人发现美的能力。美学的基础知识包括了对美的形态的认识。美的形态包括了自然美、艺术美、社会美和科技美等,对这些美的形态的了解,可以使人对美的事物的范围有更加清晰的认识。可以说,美存在于各个方面,它无处不在。对于美的这种认识有助于人们发现生活中美好的事物,提高人发现美的能力。其次,对美学理论的学习有助于提高对美的鉴赏能力。在鉴赏美的互动中,不仅包括了对美的欣赏,还包括对美的品鉴,也就是对美进行批判,进而形成自己对事物美的认识。美学理论是对美的事物所存在的美的规律的研究,它是评判事物是否为美的标准,美学理论可以为批判提供理论依据和专业词汇,提高人鉴赏美的能力。最后,对美学理论的学习有助于创造和发展美的能力,人的生活就是在不断地创造,对科技的创造、对知识的创造、对文化的创造,正是创造使社会不断地进步。

三、理论与实践相结合原则

教育是一种教师的教与学生的学相结合的实践活动。在课堂教学中多将学习分为两种:一种是理论知识的学习,另一种是实践活动的实施。这两种学习的主体都是学生,但教师在其中的地位有所不同。在理论知识的学习中,教师是主导地位,学生多是吸取的状态。在实践的过程中,教师只是辅助的作用,在学生困惑和犯错时给予指导。学生是实践活动的主体,通过自己的练习和感受巩固已学到的理论知识。这是学习必不可少的一部分,因为只是通过教师的讲授无法达到好的教学效果,只有通过实践活动的进行才能实现对新知识的理解与巩固。理论知识的学习与实践活动的进行之间并不是单一的指向性关系,而是一种循环的状态,理论知识是实践活动进行的基础,同时实践活动是对理论的进一步验证,通过实践得到的结论可以进一步丰富理论知识,这是一个循环往复的过程。因此,在课堂教学中,理论知识和实践活动缺一不可。

美育又可称为审美教育,目的是培养人的审美能力,促进情感世界的发展。审美本身是一种实践活动,美育作为一种审美教育,审美实践必然是审美教育课程中最重要的一部分。感受美、发现美、鉴赏美和创造美的能力的培养,都需要通过对大量美的事物的欣赏才能实现。审美实践活动主要包括了对事物的鉴赏和审美创造,审美鉴赏需要欣赏者不仅要欣赏审美对象,还需要对其做出评判;审美创造则需要人们发挥创造力,在自己经验的基础上萌生新的想法或产生新的事物。对事物的鉴赏和创造都需要建立在一定的理论基础之上。理论是对事物产生和发展规律的总结,只有掌握了事物为美的标准,才能对其进行审美判断。同时,审美实践也是对理论知识进一步的验证,通过实践能够加深学生对于理论知识的理解。在进行美育内容的组织时要考虑到理论与实践相融合,在以往的美育教材中往往将美育的理论和实践部分分别设置不同的章节进行教授。学生先进行理论的学习,再进行实践的训练,这种将理论与实践相分割的内容组织形式违背了边学边练的基本学习节奏,导致学生不能灵活掌握和运用理论知识,实践活动也无法发挥其应有的作用,使得教学效果大打折扣。

四、艺术是主体的原则

美育主要通过审美实践活动来培养学生的审美能力。在艺术的诸多特性中,审美是艺术的根本属性。艺术是人的审美需求发展到一定程度的产物,与其他文化形式相比,只有艺术是根源于人的审美的。艺术的审美价值是其所特有的,是其他任何文化产物都无法比拟的。艺术是遵循美的规律创造的产物。[①]

艺术是美的产物，其必定具有审美的特性，也是用来满足人们审美需求的最好选择。艺术作为人类文化形态之一，之所以区别于哲学、道德、科学等其他文化形态，就是由于艺术始终把创造和实现审美价值以满足人的审美需要作为自己最主要和最基本的功能。艺术本身就具备美的特征，对艺术的欣赏就是审美的过程。虽然审美的途径多种多样，但艺术欣赏是审美的主要形式。艺术欣赏的对象是艺术作品，由艺术家创作而来。艺术品是美的物化形态，是美的集中体现，是美的结晶。对艺术品的欣赏、创作等一系列艺术实践活动，是提高审美能力的最直接的方式。

艺术是抒发情感、丰富感性世界的最好形式。艺术的本质就是个人幻想的感性显现，是个人欲望、情感的变相满足，是自我被压抑的各种能量和欲望的升华，是人类的一种自我实现的方式。我们之所以说任何人都是艺术家，就是因为任何人都有自己的幻想。[②] 对艺术知识的学习和对艺术作品的鉴赏有助于学生开阔视野，也有助于学生树立正确的审美观，培养健康的兴趣爱好。

五、结合地域文化特色和优势学科的原则

高等教育与其他教育阶段相比具有更强的自主性。高校可以根据自身专业特点和所在地域特点进行公共美育课程的建设，选择学校所处地域具有特色的文化，充分发挥地域优势。

高校也要根据自身优势学科选择审美教育课程内容，充分利用师资、教学设备等优势资源。审美教育课程本身就是综合性较强的课程，高校可以将自己的优势学科与美育相融合，设置跨学科的审美教育课程，从而使审美教育课程既有学校特色，又与学生专业课程相联系，使学生发现本专业领域的美，提高对所学专业的兴趣。

美育作为教育的一部分，应承担教育文化传承和传播的使命。地方

---

① 张婷婷.现代教育技术与学生管理艺术研究[M].长春:吉林美术出版社,2019.

② 丁兵.当代高校教育管理研究[M].西安:西北工业大学出版社,2019.

高校应充分利用所处地区的特色文化资源,推动优秀传统文化的传承和传播。除了以上提到的广为人知的地方优秀传统文化,还有很多濒临消失的优秀传统文化,这些文化亟待抢救。高校具备传承和传播文化的功能,应充分利用这一优势,推动地方传统文化的发展。美育与其他教育形式相比,在传统文化传承上更具有优势。传统文化多是艺术形式的文化成果,艺术是审美教育课程的主要内容,在美育中占据着主要地位。道德教育、智力开发教育和体育分别是针对人的智能、道德和身体的教育,与专门进行审美教育的美育相比,传统文化在其中只能作为附属品,因此高校公共美育具备传承和传播传统文化的优势,并应将传统文化作为其内容的一部分。由中共中央办公厅、国务院于2020年10月印发的《关于全面加强和改进新时代学校美育工作的意见》(以下简称《意见》)对各阶段审美教育课程目标和设置进行了阐述。《意见》指出,在高校公共美育课程目标上,普通高校公共美育课程要依托本校相关学科优势和当地教育资源优势,拓展教育教学内容和形式,引导学生完善人格修养,强化学生的文化主体意识和文化创新意识,增强学生传承弘扬中华优秀文化艺术的责任感和使命感。在高校公共美育课程设置上,各级各类学校要重视和加强艺术经典教育,根据自身优势和特点,开发具有民族、地域特色的地方和校本审美教育课程。国家颁布的纲领性文件中也明确指出,高校公共美育课程应该充分利用学科优势和地缘优势,拓展教育教学内容和形式。

六、课程内容综合性原则

美育本身具有综合性的学科性质,是美学、教育学、心理学、社会学、人类学等多个学科相交叉的学科,有利于课程综合化的实现。高校公共美育课程作为面向全校学生开设的公共基础性课程,在高校公共美育课程内容的选择上也应该更加的综合化。高校公共美育课程内容的综合性体现在以下几方面。

第一,时间的综合。首先,高校只有对教授的知识随时进行更新,使学生了解最新的动态,把握文化发展的趋势,才能推动学生对知识进行创新。高校教育是为学生进入社会的准备工作,因此,高校公共美育课程要选择最新的内容,避免教授内容与社会实际相脱节,造成大学生无法适应社会生活。此外,高校公共美育的课程内容如果过于陈旧,会使美育与现实生活相脱节,无法激起学生的兴趣,也不能引起学生的共鸣。选择具有时代性的美育内容,有助于学生将学习到的知识与现实生活中的实践相联系,提高教学效果。其次,人类历史上创造了灿烂的文化成果,高校肩负着文化传承的使命。由于人类文化成果数量庞大,因此,高校需要在其中选择最有价值的、经典的文化成果作为课程内容。学生的时间和精力都是有限的,因此,高校公共美育课程要有选择性地传授人类文明中的精华。

第二,空间的综合。现今世界各国交流频繁,教育处在多元文化的背景之下。高校公共美育的课程内容不应该局限于中国文化,也要涉及其他国家的文化。这样可以开拓学生的视野,加深学生对于各国、各民族文化的理解,培养他们的国际化视野。

第三,学科的综合。首先,美育与相关学科知识的综合,如美学、教育学、心理学和社会学等学科知识的综合。其次,美育与其他学科相综合。跨学科美育课程的设置有助于学生学习的迁移和不同知识之间的贯通,有助于学生从多个角度认识所学知识。

第四,艺术理论知识的综合。艺术作为美育的主要内容,在进行艺术学习时,应综合美学、艺术史、艺术批评等知识。

七、主体性和主导性原则

教育教学的目标是促进学生的发展,学生是教学的主体。高校在选择公共美育的课程内容时要考虑学生的特点,如此才能有针对性地进行教学。首先,要对学生现今所处的审美状态有初步的了解,以便选择满足学生发展需要的审美教学内容,有针对性地实施教学。其次,选择符合学生兴趣特点的内容。兴趣是最好的老师,在课堂教学中选择符合学生兴趣的内容,可以激发学生的参与性,提高学生参与课堂教学的主动性,从而提高教学效果。

教师在课堂教学中起主导作用,高校在选择公共美育的课程内容选择时应考虑教师的特点。高校中教师多数是对特定专业领域进行深入研究,根据教师的专业特点选择课程内容,能使教师更容易把握课堂教学,从而更加自如地进行教学。

参考文献

[1]陈建香,王云海.国际化背景下的高校学生工作研究[M].北京:对外经济贸易大学出版社,2011.

[2]陈肯.高校美育教育质量刍议[J].设计艺术,2021(1):14-18.

[3]陈琦,李佳.以美化心以美育德高校审美教育研究[M].长春:吉林人民出版社,2021.

[4]陈真.高校传统声乐教学与美育的融合发展研究[M].长春:吉林出版集团股份有限公司,2022.

[5]丁晓昌,张凌浩.高校美育教程[M].上海:上海交通大学出版社,2023.

[6]董琦.高校公共艺术课程中舞蹈美育的价值审视及融合路径研究[M].长春:吉林教育出版社,2018.

[7]杜艺.高校美育课程建设与艺术审美研究[M].长春:吉林人民出版社,2019.

[8]段虹.美育维度的高校思想政治教育研究[M].北京:中国社会科学出版社,2022.

[9]费仁英,蔡晓静.高校公共艺术课程中舞蹈美育的价值审视及融合路径[M].北京:北京工业大学出版社,2020.

[10]郭成,赵伶俐.大美育效应[M].北京:北京师范大学出版社,2017.

[11]郭声健,聂文婧.高校美育教材建设:政策导向、现实诉求与创新思路[J].湖南师范大学教育科学学报,2023(3):18-26.

[12]胡琦.高校美育新论[M].北京:电子工业出版社,2023.

[13]胡伟,张玉萍,武巍峰.高校芭蕾形体美育教程[M].上海:上海音乐出版社,2013.

[14]康艺.高校美育工作中音乐教育实施路径分析[J].科学咨询,2023(20):72—74.

[15]李超.美育与高校音乐教育研究[M].长春:吉林出版集团股份有限公司,2021.

[16]李凤,王博.新时代网络空间命运共同体赋能高校美育发展探析[J].学习与探索,2023(7):140—147.

[17]李琪.传统文化下的高校美育研究[M].北京:原子能出版社,2019.

[18]李忠昌,鲁小艳.高校美育发展改革与实践研究[M].北京:中国纺织出版社,2023.

[19]刘洋.高校"美育＋公益"创新体系建构研究[M].成都:四川大学出版社,2020.

[20]钱方圆,隋昀彤,周慧.高校美育课堂创新研究[J].科教导刊,2022(6):120—122.

[21]秦玉国.美育视野下的高校辅导员角色示范研究[M].成都:西南交通大学出版社,2017.

[22]饶娆.新文科教育理念下高校美育内涵的新拓展[J].中南民族大学学报(人文社会科学版),2023(8):176—180.

[23]沈致隆.科学与艺术:沈致隆美育演讲精选录[M].上海:华东师范大学出版社,2018.

[24]田钰莹,王莹,王肖南.当代高校美育理论与实践创新[M].长春:吉林大学出版社,2023.

[25]王风雷.高校美育课程发展及演变研究[M].吉林大学出版社,2019.

[26]肖立军.新美育实践研究[M].长春:吉林人民出版社,2020.

[27]于海明.高校钢琴与美育教学研究[M].北京:新华出版社,2021.

[28]钟仕伦,李天道.高校美育概论[M].北京:中国社会科学出版社,2006.

[29]周翠.高校美育德育的当代发展研究[M].北京:中国纺织出版社,2021.

[30]周玫.大学生美育问题研究[M].贵阳:贵州科技出版社,2019.

[31]周泱,姚冰.新时代美育背景下学校音乐教育研究[M].北京:中国书籍出版社,2024.

[32]邹婧.高校美育的发展及艺术审美研究[M].哈尔滨:北方文艺出版社,2023.